AF642638

DIE GESCHICHTE DER SCHRIFT

Ekaterina Stepanenko

Die Geschichte der Schrift

Von der Steinzeit bis zum Digitalzeitalter

Illustrationen von Natalja Jaskina

INHALT

VORWORT

Über Jahrtausende haben sich die Menschen bemüht, ihre Gedanken, Gefühle und Beobachtungen festzuhalten, um sie an ihre Mit- und ihre Nachwelt weitergeben zu können. Dafür haben sie Schriften und Aufzeichnungsmethoden erfunden bis hin zu den Büchern, in denen Poesie ebenso wie Wissenschaft aufgezeichnet wird. Die letzte der von Menschen ersonnenen Schriften ist die einfachste – die der digitalen Daten, mit denen unsere Computer und Smartphones gesprochene Sprache, Musik und Bilder aufzeichnen und wiedergeben können: Sie besteht aus immer wiederkehrenden Kombinationen von nur zwei Zeichen. Scheinbar machen Computer die Kunst des Schreibens überflüssig, weil sie gesprochene Texte festhalten, sie in Schrift und Schrift wiederum in akustische Sprache umwandeln können. Doch nur das Schreiben in einer Menschen- und nicht Computerschrift unterstützt das Gedächtnis beim Denken und bringt so neue Ideen auf den Weg, und nur ein Lesen, bei dem die Leser selbst bestimmen, was für sie wichtig ist, ist ein Genuss und etwas, das wirklich schlauer macht.

SPRACHE UND SCHRIFT

Wann tauchten die ersten Wörter auf und wie hörten sie sich an? Die Vorfahren der Menschen kommunizierten mit Gesten, ähnlich wie moderne Schimpansen, und einigen einfachen Lauten. Aber das Leben der Urmenschen, auch wenn es vor Hunderttausenden von Jahren war, unterschied sich von dem der Affen: Wenn du Steine bearbeitest, Felle säuberst oder auf die Jagd gehst mit einem Messer in der einen und einem Speer in der anderen Hand, ist es schwer zu gestikulieren. Um deine Stammesangehörigen vor Gefahr zu warnen oder um ihnen zu sagen, wo die Höhle des Jagdtiers ist, brauchst du ganz andere Laute. Und als Ergebnis einer langen Entwicklung haben sich diese Laute zu Wörtern entwickelt.

Auch das Aussehen der Urmenschen veränderte sich: das Gehirn wurde größer, der Kiefer wurde kleiner und der Kehlkopf senkte sich, wodurch die Zunge frei wurde. Von nun an waren auch komplexe Laute mit Konsonanten für die Menschen möglich.

SPRACHE OHNE SCHRIFT

Jedes Kind lernt zuerst das Sprechen und dann erst das Schreiben. Für die Menschheit galt dasselbe: Zuerst entwickelte sich die Sprache in ihrer mündlichen Form, und dann erst wurde sie mit ganz speziellen Zeichen geschrieben – der Schrift. Aber nicht immer: Heute sind fast die Hälfte der etwa 7.000 Sprachen, die auf unserem Planeten gesprochen werden, keine Schriftsprachen.

WOZU SCHREIBEN?

Warum haben die Menschen sich nicht mit der gesprochenen Sprache begnügt? Sprache ist begrenzt durch Raum und Zeit, denn sie funktioniert nur zwischen Sprechern und Zuhörern und nur in dem Moment, in dem sie gesprochen wird. Aufgezeichnete Sprache hingegen kann unverändert für viele, viele Jahre und sogar Jahrhunderte oder Jahrtausende erhalten bleiben.

Von einigen Schriften wissen wir sogar, wer sie erfunden hat. So entwickelte der christliche Missionar **Mesrop Maschtoz** *zu Beginn des 5. Jahrhunderts das armenische Alphabet, und die Heiligen* **Kyrill** *und* **Method** *schufen im 9. Jahrhundert für die slawischen Sprachen das kyrillische Alphabet. Aber die Ursprünge der meisten Schriften verlieren sich im Nebel der Vergangenheit.*

AM ANFANG: ZEICHEN UND ZEICHNUNGEN

Die Wissenschaftler nehmen an, dass die Schrift vor etwa 5.500 Jahren entstanden ist. Zu dieser Zeit blühten zwischen Tigris und Euphrat bereits die ersten Städte auf, und im Jangtse-Tal wurde die feinste Seide hergestellt. Wie hätte die Menschheit das alles ohne Schrift erreichen können? Schrift ist nicht sofort und mit einem Mal entstanden. Zunächst übermittelten die Menschen Informationen mit allen möglichen Gegenständen.
Zeichen auf an den Wegesrand gesteckten Stäben informierten die Stammesgenossen über die Länge des Weges und etwaige Hindernisse, oder man schickte ein Bündel Pfeile zum Feind und erklärte ihm so den Krieg. Solche „Gegenstände" konnten auch Knotenschnüre oder Schnüre sein, auf die Muscheln aufgefädelt waren. Farbe, Reihenfolge, Größe und Anzahl der Knoten und Muscheln dienten zur Verschlüsselung aller möglichen Botschaften: über die Anzahl der gefangenen Feinde, über Beute oder über Krankheiten im eigenen Volk.

Ein **Wampum** *besteht aus bunten Muscheln an Schnüren und diente bei der Urbevölkerung Nordamerikas zur Übermittlung von Nachrichten.*

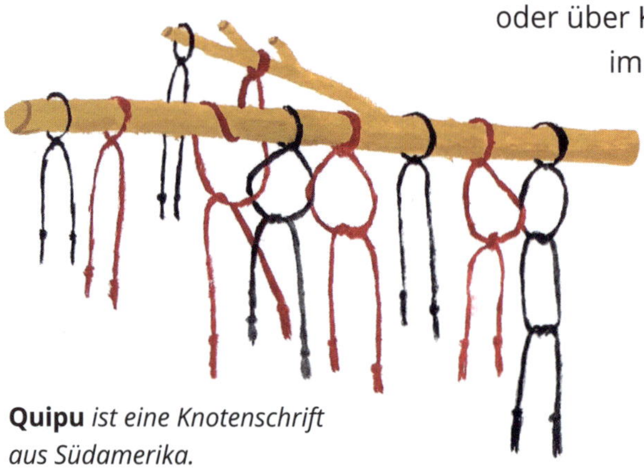

Quipu *ist eine Knotenschrift aus Südamerika.*

Schon vor **40.000 Jahren** *lernten die Menschen, auf Höhlenwände zu zeichnen. Leider ist es nicht immer möglich zu erkennen, welche der Zeichnungen nur Zeichnungen und welche Piktogramme, also Bilderschrift sind.*

BILDERSCHRIFT

Die Schriftsysteme, die wir heute kennen, entwickelten sich nicht aus **Gegenstandsschriften** wie Muschelschrift, Stockschrift oder Knotenschrift, sondern aus Zeichnungen, die die frühen Menschen auf Stein, Holz oder Knochen anfertigten. Die Menschen entwickelten früh schon aus Bildern eine Art Schrift: Man zeichnet einen Kreis mit Strahlen, und jeder weiß, dass es die Sonne ist; eine Wellenlinie ist Wasser und eine Figur mit einem Kopf, Armen und Beinen ist ein Mensch.

ÜBERSETZUNGSPROBLEME

Der griechische Geschichtsschreiber Herodot erzählt vom persischen König Dareios I., der einst eine Botschaft von den nomadischen Skythen erhielt: einen Vogel, einen Frosch, eine Maus und Pfeile. Dareios dachte, dass die Skythen ihre Unterwerfung zum Ausdruck bringen wollten, indem sie ihm das Land (Maus), das Wasser (Frosch) und den Himmel (Vogel) darboten und ihre Waffen (Pfeile) niederlegten. Doch einer seiner Berater interpretierte die Botschaft anders: „Wenn ihr nicht wie die Vögel in den Himmel fliegt, euch wie die Mäuse in den Boden grabt und wie die Frösche in den Sumpf springt, werdet ihr von diesen Pfeilen getroffen werden und nicht heimkehren." Der Berater hatte Recht.

WER WAREN DIE ERSTEN?

Heute wissen wir, wer das Gesetz der Gravitation entdeckt hat, wer das erste Antibiotikum entwickelte, wer das erste Flugzeug flog und wer die ersten Computer baute. Aber keine dieser großen Errungenschaften wäre möglich gewesen, wenn nicht Menschen, deren Namen wir nie erfahren werden, im Altertum den Ackerbau, die Metallverarbeitung und – natürlich – die Schrift erfunden hätten.

DIE GRÖSSTEN ENTDECKUNGEN

Jahrtausendelang waren Gruppen von Menschen von Ort zu Ort gezogen, um essbare Pflanzen zu sammeln und zu jagen. Doch vor etwa 12.000 Jahren änderte sich alles: Die Menschen der Vorzeit entdeckten, dass zufällig auf den Boden gefallene Samen keimen und von der Jagd mitgebrachte Tiere gezähmt werden können und Nachkommen hervorbringen. So lernte der Mensch, Vieh zu züchten und Ackerbau zu betreiben; er brauchte nicht mehr auf der Suche nach Nahrung umherzuziehen. Das war eine echte Revolution: Hatte der Mensch früher nur demütig genommen, was ihm die Natur gab, so hing jetzt viel von seiner Arbeit ab.

Buchhaltung und Kontrolle

Auf die ersten Entdeckungen folgten neue. Die Menschen lernten, Töpfe aus Ton zu formen und im Ofen zu brennen, aus Wolle Garn zu spinnen und zu weben. Sie erfanden den Pflug und fanden heraus, wie man Kupfer aus Erzen herausschmelzen kann. Aus großen Siedlungen wurden allmählich Städte, und es entstanden neue Berufe und Aufgaben: organisieren, verwalten, Ordnung halten, Dinge registrieren. In dieser Zeit wurde es notwendig, vieles aufzuzeichnen, oder besser gesagt – aufzuschreiben.

Die ersten Hochkulturen entstanden zu unterschiedlichen Zeiten in Ägypten, im Zweistromland zwischen den Flüssen Euphrat und Tigris im Nahen Osten, in China und in Indien – und jede entwickelte ihr eigenes Schriftsystem.

Den Lagerbestand zählen

Zunächst schrieb man aber nichts auf, sondern formte einfach kleine Figuren aus Ton, legte sie in einen Topf und verschloss sie darin. Jede Figur stand für eine Ware, die gezählt und deren Bestand aufgezeichnet werden musste: ein Krug Wein, ein Schaf, ein Fladenbrot. Die Anzahl der Figuren im Topf entsprach der Anzahl der Schafe in der Herde oder der Krüge im Keller, konnte aber nur durch Zerbrechen des Topfes in Erfahrung gebracht werden. Mit der Zeit stellte man fest, dass es viel einfacher war, die Anzahl der Waren und ihr Symbol auf die Oberfläche des Topfes zu zeichnen, als die Figuren aus Ton zu formen. Und auch die Töpfchen wurden bald aufgegeben und durch einfache Tontäfelchen ersetzt. Dies war der Beginn der Geschichte der ältesten richtigen Schrift – der Keilschrift.

ZEICHEN AUF TON

Das Tal zwischen den Flüssen Tigris und Euphrat war ein Zentrum früher Innovationen. Die Menschen, die dort im 5. bis 3. Jahrtausend v. Chr. lebten – die Sumerer –, erfanden das Rad und den Pflug, fanden heraus, wie man Wasser aus den Flüssen ableitet, um Felder zu bewässern, begannen, Städte zu bauen und Kupfer zu verarbeiten, und schufen die erste Schrift der Geschichte. In den sumerischen Städten herrschte ein reges Treiben: Häuser und Tempel wurden gebaut, neue Kanäle angelegt, Händler machten ihre Geschäfte und Bäckereien und Handwerksläden waren vom Morgengrauen an geöffnet. Das Erste, was die Sumerer aufschreiben mussten, waren natürlich Warenlisten, Quittungen und andere Wirtschaftsdokumente.

Die Keilschrift verbreitete sich unter den Nachbarvölkern und wurde an die verschiedenen Sprachen angepasst. Und in der phönizischen Stadt ***Ugarit*** *erfand man um 1400 v. Chr. die Verwendung eines Keilschriftzeichens für einen einzelnen Laut!*

Die Sumerer schrieben auf Tontafeln, indem sie mit spitzen Stäbchen keilförmige Abdrücke in den frischen Ton machten. Daher der Name dieser Schrift: ***Keilschrift****.*

Die ersten Gesetze wurden in Keilschrift verfasst, wie die des Königs Hammurabi von Babylon. Und dann ist da noch die berühmteste Geschichte aus dieser frühen Zeit, das **Gilgamesch-Epos**.

VON BILDERN ZU SILBEN

Zunächst zeichneten die Sumerer einfach die Gegenstände, von denen sie sprachen: Haus, Pflug, Vieh, Getreide und so weiter. Dann begannen diese Bilder, sich zu stabilen Kombinationen zusammenzufügen, und ihre Bedeutung wurde immer abstrakter. So bedeutete beispielsweise das Zeichen „Vogel" zusammen mit dem Zeichen „Ei" „Fruchtbarkeit", und zwar nicht nur in Bezug auf Hühner und Gänse.

Mit der Zeit entstanden aus Zeichenbildern (Piktogrammen) auch Lautzeichen (Phonogramme). Zum Beispiel wurde das Piktogramm eines Topfes mit Milch auch zur Silbe „ga" – weil das Wort „ga" in der sumerischen Sprache Milch bedeutete –, das Zeichen des Berges zur Silbe „kur", das Zeichen des Mundes zur Silbe „ka" usw. Die Zeichen der Schrift selbst veränderten sich unterdessen, sie sahen nicht mehr wie Bilder aus, sondern wurden viel einfacher, schematischer.

LU	*Mensch, Mann*
GUD	*Ochse*
ANSCHU	*Esel*
KU, cha	*Fisch*
DINGIR, an, il	*Gottheit, Himmel*
UTU, ud usw.	*Tag, Sonne, Licht*
SCHE, sche	*Ähre, Getreide*
APIN, pii	*Pflug*
E, bit	*Wohnung, Haus*

Es gibt in der **Keilschrift** *mehrere hundert Zeichen, und um Lesen und Schreiben zu lernen, musste man viele Jahre lang eine Schule für Schreiber besuchen.*

HEILIGE ZEICHEN

Das Niltal in Afrika ist eine weitere antike Region, in der die Menschen vor 5.000 Jahren lernten, Sümpfe zu entwässern, Bewässerungskanäle zu bauen und reiche Ernten zu erzielen. Dort entstanden erste Städte, die sich zu einem Staat zusammenschlossen – dem alten Ägypten. Die Wände der ägyptischen Tempel und Gräber sind mit Zeichnungen und Reliefs bedeckt. Da findet man etwa eine Kobra, einen Ibis, eine Biene und eine Eule. Die alten Griechen nannten diese Zeichen der Ägypter Hieroglyphen, das heißt „heilige eingeritzte Zeichen".

WIE MAN SEINEN NAMEN SCHREIBT

Zuerst zeichneten die Ägypter, wie andere Völker der Antike auch, einfach das, was sie sagen wollten.

 — Das ist die Sonne,  — das ist ein Segel.

Dann begannen die Zeichnungen, abstraktere Begriffe darzustellen.

 — Jetzt sind das nicht nur Berge, sondern auch ein fremdes Land.

 — Das ist nicht nur die Sonne, sondern auch der Tag.

 — Das ist nicht nur das Segel, es ist auch die Luft und der Wind.

Zum Beispiel klang das Wort „Mund" auf Ägyptisch wie „er", und so begann die Hieroglyphe für „Mund" , den Konsonantenlaut „r" zu bezeichnen. Ein Zeichen konnte mehrere Konsonantenlaute bezeichnen. So stand die Hieroglyphe  für „Hacke" – auf Ägyptisch „mer" – für die Kombination der beiden Konsonanten „m" und „r" in jedem beliebigen anderen Wort.

Für die Ägypter galt der Gott der Weisheit, Thot, als der Schöpfer und Bewahrer der Schriftzeichen, die im Ägyptischen ***madhu netscher*** *genannt wurden, das heißt „Worte des Gottes".*

SCHLAUE REGELN

Zu verschiedenen Zeiten gab es in der ägyptischen Schrift zwischen 800 und 7.000 Symbole, die ein Objekt, ein abstraktes Konzept und einen oder mehrere Konsonantenlaute bezeichneten. Es gab keine separaten Hieroglyphen für Vokale, sodass die Wissenschaftler des 19. Jahrhunderts auf die Idee kamen, der Einfachheit halber ein „e“ zwischen den Konsonanten einzufügen. Die Ägypter machten keine Leerzeichen und setzten keine Satzzeichen. Sie schrieben von links nach rechts und von rechts nach links. Dort, wo Menschen und Tiere „hinschauen“, befindet sich der Satzanfang.

MEISTER DES SCHREIBROHRS UND DES PAPYRUS

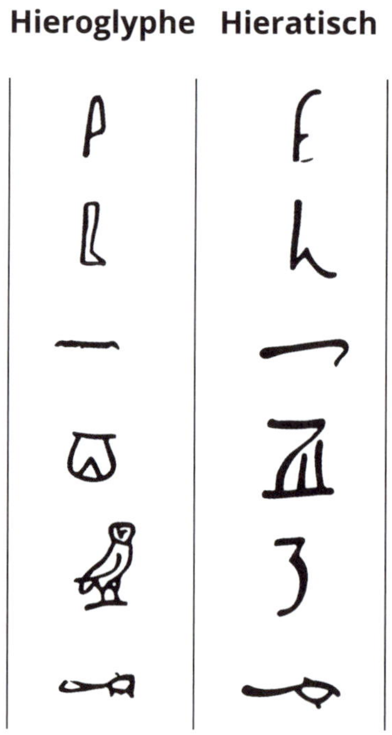

Nichts erzählt besser vom ägyptischen Leben als die Malereien auf den Grabwänden. Hier kneten Bauarbeiter Ton für Ziegel, dort formen Töpfer Geschirr, Bauern pflügen die Felder und pflücken Trauben, einige tragen Wassereimer an einem Schulterjoch, andere fächeln die Kohlenflammen in einem Ofen an, um Metall zu schmelzen ... Und hier sitzt ein Mann im Schneidersitz. Auf seinem Schoß ein Blatt, in der Hand ein Schilfrohr und hinter dem Ohr zwei weitere. Das ist ein Schreiber. Schreiber beaufsichtigen die Arbeit – sei es beim Bau der Pyramiden, sei es bei der Bewässerung der Felder –, sie zählen die Ernteergebnisse und die Kriegsbeute, sie treiben Steuern ein. Und sie schreiben alles auf!

1 *Die Stängel des hohen Papyrusschilfs, das in Hülle und Fülle am Nil wächst, werden mit einem Messer abgeschnitten.*

GEHT ES NICHT SCHNELLER?

Die Schreiber benutzten keine Hieroglyphen, denn damit zu schreiben hätte viel zu lange gedauert. Die Hieroglyphen wurden benötigt, um die Großtaten der Pharaonen auf Tempelwänden zu verewigen oder um heilige Texte in Gräbern festzuhalten. Für den Alltagsgebrauch ist die hieratische Schrift – die Schreib- oder Kursivschrift der Ägypter – besser geeignet. Auch das Material für diese schnelle Schrift ist ein anderes: Papyrusblätter.

2

Das Innere des Papyrusstängels wird in Längsstreifen geschnitten.

3

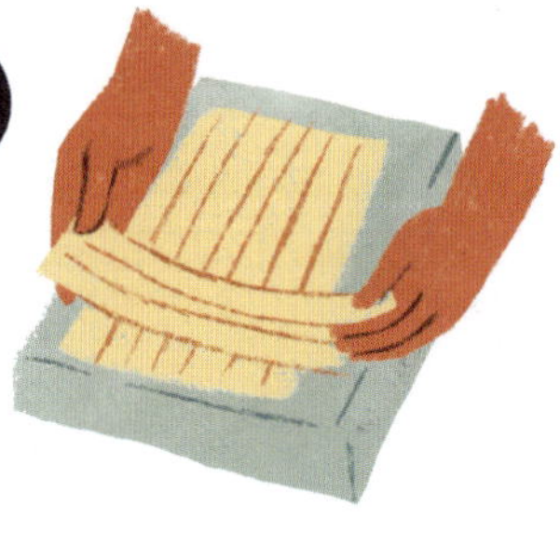

Diese werden auf einer glatten Fläche kreuzweise übereinandergelegt.

4

Das so entstandene Blatt wird geplättet und in der Sonne getrocknet.

5

Die Blätter werden nicht zusammengenäht, sondern zusammengeklebt und zu Schriftrollen gerollt.

DAS PAPIER DES ALTERTUMS

Die Ägypter verkauften **Papyrus** an andere Länder, an die Phönizier, die Griechen und die Römer. Diese starken Blätter wurden zum wichtigsten Schreibmaterial bis zum Mittelalter, als man begann, dünne Tierhäute für die Herstellung von Büchern zu verwenden: das **Pergament**.

Der Schreiber hält ein Stück Rohr zum Schreiben in der Hand. Daneben liegt ein Mäppchen für Ersatz-Schreibrohre und Farben. Die trockenen schwarzen und roten Farben müssen zunächst mit Wasser verdünnt werden, bevor das Schreibrohr hineingetaucht wird.

WAS DIE ÄGYPTER GELESEN HABEN

In der Mitte des 19. Jahrhunderts, als in Europa alles in Mode war, was mit dem alten Ägypten zu tun hatte, stieß der französische Ägyptologe Emmanuel de Rougé auf einen sehr interessanten Papyrus. Nachdem er ihn studiert hatte, kam der Wissenschaftler zu dem Schluss, dass er ein echtes Märchen vor sich hatte! Das war eine Sensation. Es stellte sich heraus, dass es im alten Ägypten Literatur gab, und zwar ganz unterschiedliche: Märchen, Erbauungsliteratur, epische Gedichte, Liebeslieder.

Die Ägypter erfanden Bücher (das heißt Papyrusrollen) mit Bildern. Die frühesten Illustrationen schmückten das „Totenbuch". So nannten sie die Sammlungen magischer Texte, die den Toten in die Sarkophage oder die Totenkammern mitgegeben wurden. Worum es in den Texten geht, das erzählen auch die Bilder.

DIE GESCHICHTE VON SINUHE

Mein Name ist Sinuhe, ich bin ein Würdenträger. Ich floh aus Ägypten nach Syrien und irrte lange umher, aber als ich die Tochter des dortigen Statthalters heiratete, lebte ich gut und in Wohlstand. Ich eroberte viele Länder und besiegte die stärksten Gegner. Aber ich vermisste Ägypten sehr, und als der neue Pharao mir verzieh, kehrte ich beglückt in meine Heimat zurück.

DAS GEDICHT DES PENTAWER

Ich bin der berühmte Pharao Ramses II. Wie ich die Schakalhorden der Hethiter eine nach der anderen niedergekämpft habe in der Schlacht um die Festung Kadesch, das steht in dem „Gedicht des Pentawer" geschrieben. Ich habe sie alle besiegt! Aber der elende Hethiterkönig Muwatalli behauptet, er sei der Sieger!

DIE KLAGEN DES IPUWER

Ich bin der weise Ipuwer. Ich prophezeie schweres Unheil, das Ägypten durch die Schuld eines unfähigen Herrschers ereilen wird: Wirren, Hungersnot und das Eindringen von Fremdvölkern. Aber ich bin zuversichtlich, dass Ägypten alle Widrigkeiten überwinden und Ordnung und Wohlstand wiedererlangen wird.

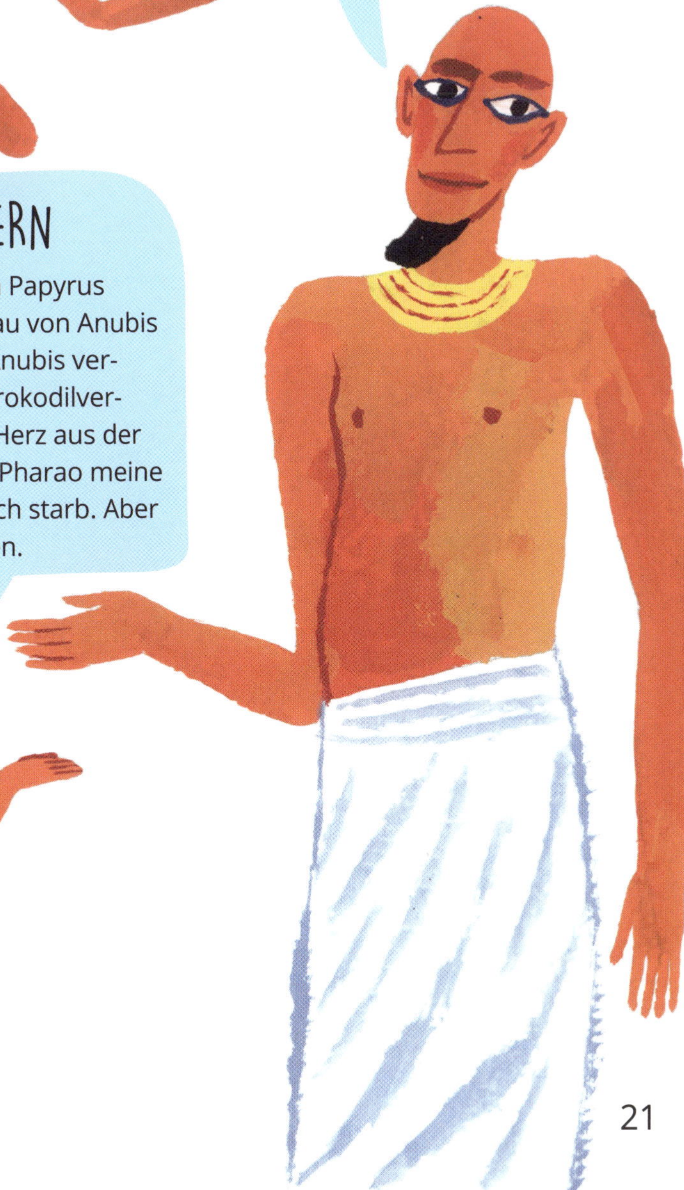

DIE GESCHICHTE VON DEN ZWEI BRÜDERN

Wir sind zwei Brüder, Anubis und ich, Bata. Es gab einen Papyrus über uns, den Emmanuel de Rouget gelesen hat. Die Frau von Anubis mochte mich nicht. Sie sagte, ich hätte sie geschlagen. Anubis verfolgte mich, aber der Gott Ra trennte uns durch einen krokodilverseuchten Fluss. Ich ging beleidigt davon, nahm mir das Herz aus der Brust und legte es auf eine Zedernblüte. Später, als der Pharao meine Frau besitzen wollte, ließ er diese Blume abschneiden. Ich starb. Aber Anubis fand mein Herz und ließ mich wieder auferstehen.

WER DAS ALPHABET ERFUNDEN HAT

Jahrhundertelang war die Schrift nur wenigen vorbehalten. Natürlich, denn nur wenige Menschen hatten genug Zeit und Energie, um mehrere hundert ziemlich komplizierte Zeichen zu lernen. Den Phöniziern verdanken wir es, dass heute jeder lesen und schreiben kann.

PRAKTISCH UND BEQUEM!

Im 2. Jahrtausend v. Chr. war Phönizien, ein schmaler Küstenstreifen im heutigen Libanon, der Dreh- und Angelpunkt des gesamten Mittelmeerraums. Die Handelsrouten zwischen dem Zweistromland und Ägypten kreuzten sich hier, und die Phönizier selbst segelten von den Hafenstädten Byblos, Sidon und Tyros nach Griechenland. Für die Abwicklung von Handelsgeschäften und die Buchhaltung benötigten die phönizischen Kaufleute etwas Einfacheres als Keilschrift und Hieroglyphen. Dafür war ein Alphabet perfekt!

Es gibt keine Symbole im Alphabet, die für Wörter und Begriffe stehen. Jedes Zeichen im Alphabet – jeder Buchstabe – entspricht einem anderen Laut. Das macht das Alphabet zum einfachsten und praktischsten Schriftsystem, das die Menschheit je erschaffen hat.

ABGEGUCKT UND VERBESSERT

Wissenschaftler gehen davon aus, dass die Phönizier das Alphabet nicht selbst erfunden haben, sondern die Idee von einem ihrer Nachbarn, etwa den Kanaanitern, übernommen haben. Im 14. Jahrhundert v. Chr. passten sie die ägyptischen Hieroglyphen an ihre eigene Sprache an. Wie das funktionierte? Man leiht sich von den Ägyptern die Hieroglyphe für Stier, vereinfacht sie ein wenig, vergisst, dass sie „Stier" bedeutet, und erinnert sich nur noch daran, dass sie den Laut „a" wiedergibt, und – schwupps – ist aus der Hieroglyphe ein Buchstabe geworden. Machen wir dasselbe für den Laut „b": Wir nehmen die Hieroglyphe für „Haus" (Haus heißt auf Kanaanitisch „bet"), vereinfachen sie und verbannen ihre Bedeutung aus unseren Köpfen. Sie ist nur ein Buchstabe, und du kannst sie als „b"-Laut überall einsetzen. Obwohl die Phönizier nicht die Erfinder der Alphabetschrift waren, so haben sie doch ein praktisches System von Zeichen dafür erfunden. Und von ihrem Gebiet aus trat das Alphabet im 10. Jahrhundert v. Chr. seinen Siegeszug um die Welt an. Das lateinische und das kyrillische Alphabet, die arabische und die hebräische Schrift – sie alle gehen auf das phönizische Alphabet zurück.

Wenn du den Buchstaben „A" gedanklich auf den Kopf stellst, kannst du in ihm einen gehörnten Stierkopf erkennen.

Die Phönizier benutzten beim Schreiben von Wörtern nur Konsonanten, und beim Lesen ersetzten sie die Vokale selbst. Sogar der Buchstabe „alf" war nur ein stummes „a", ein gutturaler Konsonant zwischen zwei Vokalen. Anfangs konnte die phönizische Schrift von links nach rechts und von rechts nach links geschrieben werden, oder abwechselnd so oder so herum.

GANZ OHNE VOKALE

Kamen die Phönizier ganz ohne Vokale aus? Alle Buchstaben ihres Alphabets waren Konsonanten, und die Vokale wurden beim Lesen hinzugedacht. Das nennt man eine Konsonantenschrift, und solche Schriften gibt es heute noch, wie die hebräische oder die arabische Schrift, die entfernte Abkömmlinge der phönizischen sind.

WOHER SO VIELES KOMMT

Um das 10. Jahrhundert v. Chr. wurde das phönizische Alphabet von den Aramäern entlehnt, deren Sprache in weiten Teilen des Vorderen Orients gesprochen wurde. Man kann **Aramäisch** als internationale Verkehrssprache der Antike bezeichnen: Botschafter und Kaufleute aus Assyrien und Babylonien, aus Israel und Judäa kommunizierten miteinander auf Aramäisch, und Aramäisch war auch die Verwaltungssprache des riesigen Perserreichs. Es ist nicht überraschend, dass sich aus der aramäischen Schrift viele andere Schriften entwickelt haben: die hebräische, nabatäische, syrische und arabische und schließlich auch die indischen Schriften.

Selbst im Deutschen kann man (wenn auch nicht leicht) Wörter ohne Vokale lesen. Das gilt aber erst recht für die semitischen Sprachen Arabisch und Hebräisch, wo die Vokale noch weniger Einfluss auf das Sprachverständnis haben.

EINEN TEXT SCHÖN SCHREIBEN

„… dein Herr ist der Edelste, der den Menschen die Qalami gelehrt hat, die er nicht kannte" – so steht es im Koran, dem heiligen Buch für alle Muslime. Die Kunst des Qalam (das ist der Schilfrohrstängel) ist in der arabischen Sprache die Kunst des Schreibens. Und sie ist in der Tat eine Kunst, und eine sehr schwierige dazu! Im **Arabischen** gibt es 28 Konsonanten und nur drei Vokale, die lang oder kurz sein können. Fast alle Buchstaben haben vier Schreibweisen, je nachdem ob sie am Anfang, in der Mitte oder am Ende eines Wortes stehen.

*Dies ist nicht nur ein Muster, sondern eine **Basmala**, der Satz, mit dem jede Sure des Korans, des heiligen Buches der Muslime, beginnt: „Im Namen Allahs, des Erbarmers, des Barmherzigen." Im Mittelalter verbreiteten die Araber ihre Schrift zusammen mit ihrer Religion, dem Islam. Heute wird sie in 30 Ländern der Welt verwendet.*

JAHRHUNDERTELANG VERSTUMMT

Was auch immer die Wissenschaft sagt, für die biblische Überlieferung war es Gott selbst, der die hebräische Schrift geschaffen hat. Er schuf sie und benutzte sie, um die Zehn Gebote für sein Volk auf Steinplatten zu schreiben. Seitdem ist fast jeder für die Juden heilige (oder nur wichtige) Text in dieser Schrift geschrieben worden. Vor allem der größte Teil des Alten Testaments, des ersten und ältesten Teils auch der christlichen Bibel.

Viele Jahrhunderte lang (und dies ist keineswegs eine Legende!) existierte die hebräische Sprache – **Hebräisch** – ausschließlich als Buchsprache: als Sprache der heiligen Texte und der gelehrten Abhandlungen. Sie wurde gelesen und gebetet, aber nicht gesprochen. Erst im 19. Jahrhundert wurde sie von Enthusiasten als lebendige gesprochene Sprache – Ivrit – wiederbelebt und unter den Juden verbreitet. In Israel spricht und schreibt man heute auf Ivrit.

In der hebräischen Schrift gibt es keine Vokale, aber für die Bequemlichkeit sind sie in den Schulbüchern mit speziellen Zeichen – Punkten über oder unter den Buchstaben – markiert.

ANFÄNGE IM ALTEN GRIECHENLAND

Im 12. Jahrhundert v. Chr. fielen von Norden her die kriegerischen Stämme der Dorer in Griechenland ein. Die älteren Griechen, die Achäer, konnten lesen und schreiben, bauten Tempel, Straßen und Brücken, trieben Handel, führten Krieg und schmückten ihre Paläste mit wunderschönen Fresken. Die dorische Invasion machte diesem Wohlstand ein Ende. Es brach ein dunkles Zeitalter an, und die Errungenschaften der Vergangenheit gerieten in Vergessenheit. Auch die Schrift.

EINE VOLLSTÄNDIGE ÜBERNAHME

Allmählich erholten sich die griechischen Länder von der dorischen Invasion. Das wiedergeborene Griechenland, das zur Geburtsstätte der Philosophie, der Demokratie und des Theaters werden sollte, brauchte nun schnell eine neue Schrift, und das konnte nur die phönizische Errungenschaft sein, das Alphabet. Die Griechen übernahmen das gesamte Alphabet, aber der Einfachheit halber fügten sie Buchstaben hinzu, die die Vokale darstellten. So wurde „Alf" oder „Aleph" dem Laut „a" zugeordnet. In Griechenland wurde das auf der Seite liegende „alf" – der Stierkopf – auf seine Füße gestellt.

Die Griechen verwendeten sowohl **Papyrus** *als auch geglättete Tierhaut als Schreibmaterial,* **Pergament**. *Und sie lernten, auf mit farbigem Wachs überzogenen Holztäfelchen zu schreiben. Hier konnten die mit einem spitzen Griffel geschriebenen Buchstaben leicht wieder gelöscht werden.*

Αα	Ββ	Γγ	Δδ	Εε	Ζζ	Ηη	Θθ
Alpha	Beta	Gamma	Delta	Epsilon	Zeta	Eta	Theta
Ιι	Κκ	Λλ	Μμ	Νν	Ξξ	Οο	Ππ
Iota	Kappa	Lambda	My	Ny	Xi	Omikron	Pi
Ρρ	Σσς	Ττ	Υυ	Φφ	Χχ	Ψψ	Ωω
Rho	Sigma	Tau	Ypsilon	Phi	Chi	Psi	Omega

Der Legende nach wurde das phönizische Alphabet von König Kadmos, dem Gründer der Stadt Theben, nach Griechenland gebracht. Er vertauschte die Reihenfolge der Buchstaben, aber das Alf, das die Griechen „alpha" nannten, ließ er vorne stehen, weil Theben für seine Stiere berühmt war.

Die Griechen, von deren Schrift auch die neueren Alphabete abstammen, schreiben heute noch mit denselben Buchstaben wie ihre antiken Vorfahren.

DIE AUSBREITUNG
DES GRIECHISCHEN ALPHABETS

Die Achäer hatten ihre Schrift von den Bewohnern der Insel Kreta gelernt, die sie einst erobert hatten. Die Gelehrten haben diese Schrift **Linear B** *genannt. Sie hatte ein Zeichen für jede Silbe, und manchmal stellten die Zeichen ganze Wörter dar.*

RUND UM DIE WELT

Von den felsigen Küsten Griechenlands aus, im Kielwasser der griechischen Schiffe, begann das griechische Alphabet seine Weltreise. Zuerst erreichte es Italien: im Norden der Apenninhalbinsel lebten die Etrusker, die nun ein ganz ähnliches Alphabet benutzten wie das griechische. Und als die Römer die Etrusker besiegten, wanderte das Alphabet zu ihnen. Die Macht Roms verbreitete es dann in den von ihr beherrschten Gebieten in Europa, Asien und Afrika. Und zwischen dem 15. und 19. Jahrhundert reiste es zusammen mit den europäischen Eroberern um die ganze Welt. Ich spreche natürlich von der lateinischen Schrift, die heute für viele Sprachen verwendet wird.

WIR SCHRIEBEN FÜR JAHRTAUSENDE

Was liest du am liebsten – Superhelden-Comics, Gedichte, Abenteuergeschichten oder vielleicht populärwissenschaftliche Bücher wie das, das du gerade in den Händen hältst? Wer weiß, ob es diese ganze Vielfalt von Literatur ohne die alten Griechen gäbe.

Unser heutiges Leben ähnelt zwar nicht dem der Hellenen, wir wissen ungleich mehr über die Welt, aber wir reden und schreiben über dieselben Dinge wie vor 25 Jahrhunderten: über Liebe und Hass, über Geburt und Tod, über Mut und Feigheit, über Barmherzigkeit und Grausamkeit. Bis heute beschäftigen uns die Geschichten von Medea, die von ihrem Mann verlassen wurde und sich an ihm rächt, indem sie ihre Kinder tötet, von König Ödipus, der zu einer schrecklichen Erkenntnis gelangt und entsetzt feststellt, was sein Schicksal ist, von Antigone, die tut, was ihr Pflichtgefühl ihr sagt, und bei Lebensgefahr ihren toten Bruder begräbt.

Ich bin **Homer**, ein blinder, wandernder Dichter. Ich ziehe von Stadt zu Stadt und trage meine Gedichte vor. Alles, was ihr über den Trojanischen Krieg wisst, stammt aus meinen großen Gedichten, der ***Ilias*** und der ***Odyssee***. Ob ich sie selbst verfasst habe oder ob ich sie aus älteren Quellen zusammengestellt habe, wird ein Geheimnis bleiben. Aber mein Ruhm ist so groß, dass man mich einfach den ersten großen Dichter von Epen nennt.

Ich bin **Sappho**, und ich singe von Liebe und Trennungsschmerz. Feuer unter der Haut, Klingeln in den Ohren – diese Bilder für die Liebe habe ich erfunden, so stark und fesselnd ist für mich dieses Gefühl.

Ich bin **Herodot**, und man nennt mich den „Vater der Geschichtsschreibung". Diese Wissenschaft wurde mit meinen Schriften im 5. Jahrhundert v. Chr. geboren. Nachdem ich meine neunbändige Geschichte fertiggestellt hatte, ging ich zu den Spielen in Olympia und hielt dort, direkt im Tempel des Zeus, eine Lesung. Ein durchschlagender Erfolg! Ich erzählte der Welt von den Kriegen der Perser, von den Sitten, Gebräuchen und Gesetzen in Europa, Asien und Afrika. Doch manche gemeinen Leute nennen mich „Vater der Lüge" – nur weil meine Geschichten manchmal ungenau sind oder ich sie frei erfunden habe.

Wir sind **Sophokles**, **Aischylos** und **Euripides**. Uns ist es zu verdanken, dass die Tragödie in der Weltliteratur aufgetaucht ist. Wir haben die Geschichten nicht selbst erfunden, sondern sie aus den Mythen entnommen, aber wir waren es, die den Kampf des Menschen mit seinem Schicksal in den Mittelpunkt der Handlung stellten. In unseren Stücken widersetzten sich die Helden den Göttern und gehen zugrunde, nachdem sie erkannt haben, dass die Welt voller Tragik ist.

Und ich bin der Komödiendichter **Aristophanes**. Meine scharfe Satire geht mit den Lastern der Gesellschaft hart ins Gericht. In meinen Komödien gibt es viele Übertreibungen und phantastische Verzerrungen – so versuche ich, die Aussagekraft und die Wirkung auf die Leser zu erhöhen. Diese Techniken werden von Satirikern nach mir weiterverwendet werden.

DIE GROSSEN ENTZIFFERER

Im Laufe der Jahrhunderte geriet die Kunst des Lesens von Hieroglyphen und Keilschrift in Vergessenheit. Schrift wurde zu stummen Zeichnungen auf Grabwänden, Papyrusrollen und Tontäfelchen. Wissenschaftler brauchten viele Jahre, um die antiken Schriften zu entziffern.

Die Namen der Könige unter den Hieroglyphen waren nicht schwer zu finden: Die Ägypter umrahmten sie mit einem ovalen Rahmen, der Kartusche.

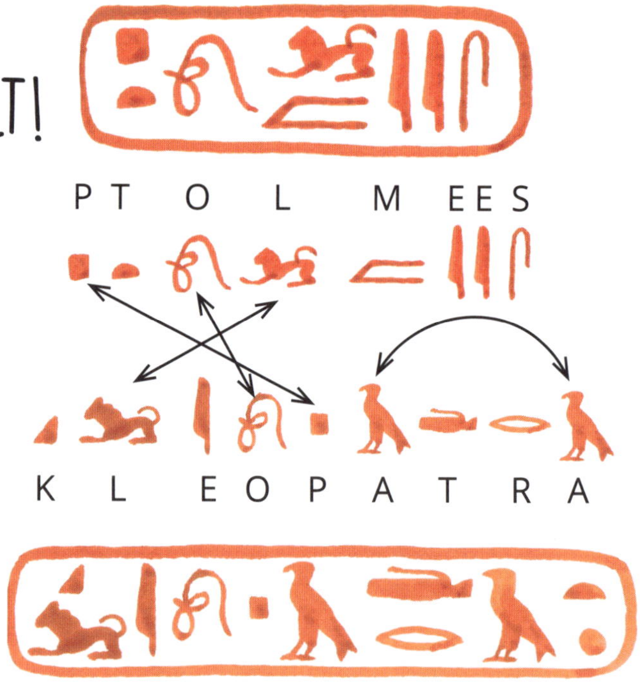

DAS GEHEIMNIS ENTSCHLÜSSELT!

Der französische Gelehrte **Jean-François Champollion** schlug vor, dass die Namen der Herrscher der Schlüssel zur Entzifferung der ägyptischen Hieroglyphen sein könnten. Er verglich die Schreibweise der Namen der Pharaonen Ptolemäus und Kleopatra, zunächst auf Altgriechisch und dann in Hieroglyphen, und stellte fest, dass die gemeinsamen Laute der Namen – **p**, **t**, **l** – in den Hieroglyphen übereinstimmen. Damit bewies er, dass Hieroglyphen phonetische Zeichen sein können, also Bezeichnungen für Laute. Und bis 1822 gelang es Champollion, alle Hieroglyphen zu entziffern und ein Regelwerk der ägyptischen Grammatik sowie das erste Wörterbuch der ägyptischen Sprache zu erstellen.

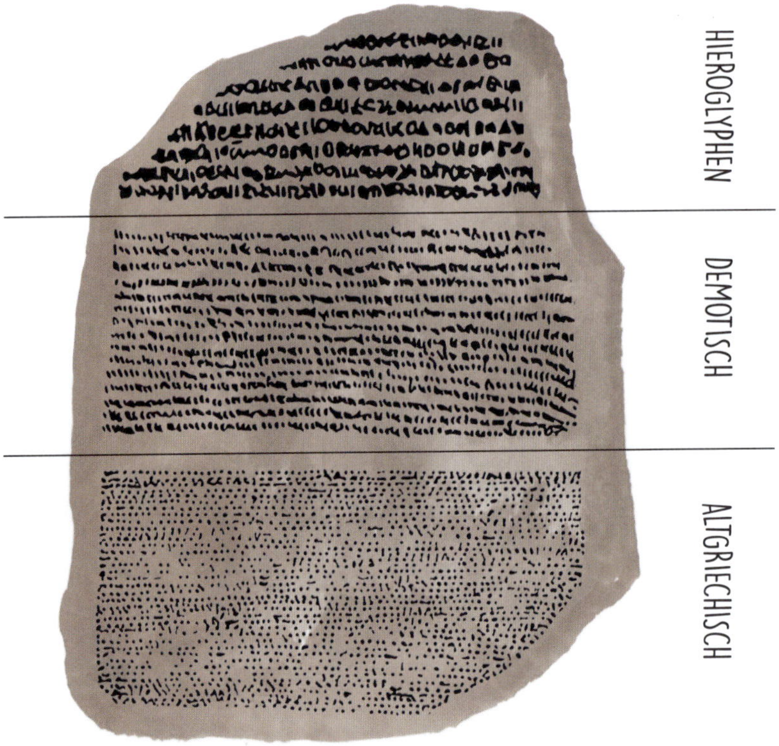

Die Namen von Kleopatra I. und Ptolemäus V., die Champollion auf dem ***Stein von Rosette*** *entdeckte. In dem Text, der in drei Schriften eingemeißelt ist – Hieroglyphen, Demotisch (vereinfachte ägyptische Schrift) und Altgriechisch –, gratulieren die Priester dem Pharao zu seiner Thronbesteigung.*

Jean-François Champollion

GEFÄHRLICHER BERUF

Henry Rawlinson

Um die Keilschrift zu entziffern, musste der britische Archäologe **Henry Rawlinson** einen verzweifelten Schritt wagen. Im Jahr 1837 bestieg er die steilen **Behistun-Felsen** im heutigen Iran und begann, an einem Seil 105 Meter über dem Boden hängend, das damals noch unbekannte Relief, genauer gesagt, Keilschrift-Inschrift abzuzeichnen (weil es damals noch keine Fotografie gab). Er musste viele Male auf den Felsen zu klettern, aber das Ergebnis war es wert: Fast zehn Jahre später konnte Rawlinson der Welt eine vollständige Übersetzung der Behistun-Inschrift präsentieren.

Die ***Behistun-Inschrift*** *berichtet in drei Sprachen – Altpersisch, Elamitisch und Akkadisch – vom Sieg des persischen Königs Dareios I. über Aufständische.*

Auch heute noch ist das Behistun-Relief nur aus der Ferne zu sehen. Vor etwa 2.300 Jahren stiegen die antiken Bildhauer, nachdem sie ihre Arbeit beendet hatten, hinab und zerstörten die Steinstufen hinter sich.

NOCH IMMER RÄTSEL

Einige antike Schriften sind noch nicht entziffert. Die Harappa-Hieroglyphen auf Siegeln aus dem Indus-Tal sind immer noch „stumm". Auch der **Diskos von Phaistos** aus Kreta „redet" noch nicht, denn die kretische Linear-A Schrift, die der Archäologe Arthur Evans zu Beginn des 20. Jahrhunderts bei den Ausgrabungen des Palastes von Knossos auf Tontafeln fand, ist noch nicht entschlüsselt. Doch die jüngere Linear-B-Schrift konnte in den 1950er Jahren von Michael Ventris entziffert werden: Sie diente zur Aufzeichnung von Texten in früher altgriechischer Sprache.

EIN CHINESISCHES PATENT

Wenn die Sumerer die Schrift für die Buchhaltung erfanden, und die Ägypter, um ihre Herrscher zu verherrlichen, so lernten die Chinesen das Schreiben, um mit den Geistern zu kommunizieren. Dies geschah im 13. Jahrhundert v. Chr., als am Mittellauf des Huang-Ho-Flusses der Staat der Shang-Dynastie blühte. Um sich der Zukunft zu vergewissern, stellten die Menschen damals den Geistern viele Fragen – zur Ernte, zur Gesundheit des Herrschers und dazu, ob es Angriffe von Feinden geben werde. Sie ritzten die Fragen, möglichen Antworten und sogar Notizen darüber, ob Vorhersagen eingetroffen waren, in flache Knochen oder Schildkrötenpanzer. Das waren die Anfänge des Chinesischen als Schriftsprache.

Die Keilschrift und die ägyptischen Hieroglyphen sind schon längst vergessen. Doch die chinesische Schrift, die mehr als 3.000 Jahre alt ist, wird noch immer genutzt.

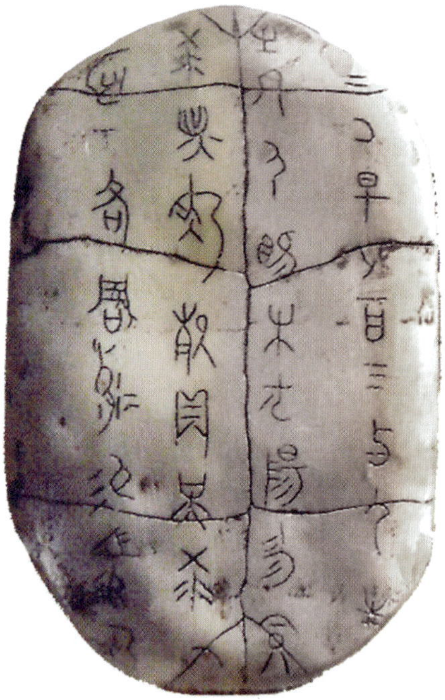

Und wie haben die alten Chinesen die Geister befragt? Die Priester berührten den Wahrsage-knochen oder einen Schildkrötenpanzer mit einem rotglühenden Metallstab, und die Geister wurden lebendig und verteilten sich in verschiedene Richtungen. Daraus wurden Muster von Rissen, aus denen die Priester die Zukunft vorhersagen konnten.

FÜR JEDEN GESCHMACK

Die Zeichen der chinesischen Schrift waren und sind ganz unterschiedlich. Einige sind Piktogramme, bilden also einfach den jeweiligen Gegenstand ab. Auch das moderne Chinesisch hat Piktogramme. Einige davon sind kaum mehr zu erkennen, bei anderen kann man das ursprüngliche Bild noch gut sehen. Und dann gibt es Zeichen, die nicht darstellen, wie etwas aussieht, sondern nur den Klang der Wörter dafür wiedergeben.

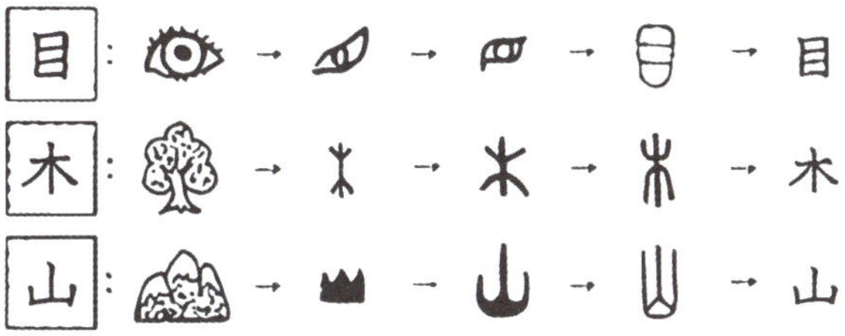

Ganz gleich, wie viele einfache Zeichen zu einem komplexen Zeichen kombiniert werden, dieses neue Zeichen hat die gleiche Größe und denselben quadratischen Umriss wie jedes andere! Und ganz gleich, wie viele Zeichen kombiniert werden, es stellt immer nur ein Wort dar.

船 → 舟 八 口

Ein Schiff, ein großes Boot — *Boot* — *acht* — *Münder (Menschen)*

DAS IST JA EIN REBUS!

Wörter, die aus mehreren Piktogrammen bestehen, werden wie bei einem Rebus zusammengesetzt. Wenn das Zeichen für „Baum“ 木 verdoppelt wird, bedeutet es „Wald“ 林. „Baum“ 木 zusammen mit „Sonne“ 日 steht für „Osten“ 東, denn dort geht die Sonne hinter den Bäumen auf. Es ist auch leicht zu erraten, was passiert, wenn man das Zeichen für „Hand“ 手 mit dem für „Auge“ 目 kombiniert: das ergibt natürlich „Blick“ 看.
Andere zusammengesetzte Wörter werden aus Lautzeichen (Phonogrammen) und Schlüsselzeichen gebildet, die uns helfen zu verstehen, worüber wir sprechen. Ein Beispiel: Das Wort für „Ma(ma)“ 妈妈 setzt sich aus zwei Zeichen zusammen; Das erste, „njuj“ 女 – Frau –, vermittelt die Bedeutung, und das zweite, „ma“ 马 – Pferd –, vermittelt den Klang.

Im Chinesischen gibt es viele Homophone, das heißt Wörter, die gleich klingen, aber verschiedene Dinge bedeuten und unterschiedlich geschrieben werden. Dieser Satz besteht (fast) nur aus einer Silbe, „ma“, aber es gibt so viele verschiedene Zeichen und was für eine lustige Bedeutung!

妈妈骑马，马慢，妈妈骂马

(Māmā qímǎ, mǎ màn, māmā mà mǎ)

Mama reitet auf einem Pferd, das Pferd geht langsam, Mama schimpft mit dem Pferd.

IN CHINA ERFUNDEN

Etwa **im Jahre 105** legte der chinesische Adlige **Tsai Lun** dem Kaiser ein erstaunliches Rezept seiner eigenen Erfindung vor. Dieses Rezept – nicht für Nudeln oder Tofu – sollte die Geschichte der Menschheit für immer verändern.
Man nehme Holzasche, Maulbeerrinde und -fasern, Hanf und alte Lumpen, mahle sie gut, vermische sie mit Wasser und koche sie, streiche sie dann gleichmäßig auf Bambussieben aus, trockne sie in der Sonne und glätte sie mit Steinen. Auf diese Weise entstanden dünne, dichte Blätter – das erste Papier der Welt! Von China über die Städte Zentralasiens trat das Papier seinen Siegeszug um die Welt an und verdrängte nach und nach andere Schreibmaterialien.

2 *Dieses Material wird gut zerkleinert, mit Wasser vermischt und aufgekocht.*

3 *Der so entstandene klebrige Brei wird weiter zerkleinert und auf ein Bambussieb gestrichen.*

NICHT GESTOHLEN, NUR ERSCHNÜFFELT

Der Legende nach hat Tsai Lun sein Rezept von den Wespen gelernt, die winzige Pflanzenteile mit Speichel zusammenkleben, um daraus ein dünnes und festes Material für ihre Nester zu machen.

WAS VORHER WAR

Vor der Erfindung des Papiers probierten die Chinesen viele verschiedene Materialien aus: Sie brannten Zeichen auf Knochen, malten Schriftzeichen mit Pinseln auf Bambusplatten oder Holzbretter und schrieben auf Seidenrollen.

MAN KANN NIE GENUG HABEN

Auch wenn unsere Schrift eine Alphabetschrift ist, heißt das nicht, dass wir keine Wortsymbole verwenden! Wer würde jemals auf die Idee kommen, das lange Wort „Paragraph“ zu schreiben, wenn man es doch mit einem einfachen „§“ ausdrücken kann. Die einfachste mathematische Berechnung wäre eine Qual, wenn man sie in Worten statt mit Symbolen wie „+“ und „-“, „×“ und „÷“ schreiben müsste. Viele Schriften der Welt verwenden sowohl Laut- als auch Bedeutungszeichen, weil das sehr praktisch ist! Die Japaner aber sind noch weiter gegangen: Sie haben Wortsymbole und nicht nur ein, sondern zwei Alphabete!

ES GEHT, ABER NICHT GUT

Die Wortsymbole kamen im 4. Jahrhundert aus China nach Japan. Es sah beinahe so aus, als könnte man sie einfach übernehmen! Aber die japanische Sprache ist ganz anders als die chinesische. Ihre Wörter bestehen meist aus mehreren Silben und ändern ihre Form. Im 8. Jahrhundert wurde klar, dass die Japaner ohne die Wiedergabe von Tönen, das heißt ohne phonetische Schrift, nicht auskamen. Damals entstanden aus den 800 Zeichen, die nur für Silben verwendet wurden, zwei Alphabete: **Hiragana** und **Katakana**. Beide geben Silben wieder: jeweils einen von einem Vokal gefolgten Konsonanten.

Hiragana

あ a	い i	う u	え e	お o
か ka	き ki	く ku	け ke	こ ko
さ sa	し shi	す su	せ se	そ so
た ta	ち chi	つ tsu	て te	と to
な na	に ni	ぬ nu	ね ne	の no
は ha	ひ hi	ふ fu	へ he	ほ ho
ま ma	み mi	む mu	め me	も mo
や ya		ゆ yu		よ yo
ら ra	り ri	る ru	れ re	ろ ro
わ wa				を wo
ん n				

Katakana

ア a	イ i	ウ u	エ e	オ o
カ ka	キ ki	ク ku	ケ ke	コ ko
サ sa	シ shi	ス su	セ se	ソ so
タ ta	チ chi	ツ tsu	テ te	ト to
ナ na	ニ ni	ヌ nu	ネ ne	ノ no
ハ ha	ヒ hi	フ fu	ヘ he	ホ ho
マ ma	ミ mi	ム mu	メ me	モ mo
ヤ ya		ユ yu		ヨ yo
ラ ra	リ ri	ル ru	レ re	ロ ro
ワ wa				ヲ wo
ン n				

EINS IST GUT, ABER ZWEI SIND BESSER

Hiragana wird verwendet, um die Teile von Wörtern zu schreiben, die sich verändern – wie die Endungen, also die Teile, für die chinesische Schriftzeichen nicht geeignet sind. Wenn wir das Zeichen für ein japanisches Wort nicht kennen, können wir es auch in Hiragana schreiben.
Katakana wird verwendet, um Lehnwörter zu schreiben, die aus anderen Sprachen ins Japanische gekommen sind. Die Namen von Ländern, Pflanzen und Tieren sowie unsere Namen und Nachnamen werden in Katakana geschrieben.

Die japanischen Schriftzeichen werden korrekt als ***Kanji*** *bezeichnet, was wörtlich übersetzt „chinesische Zeichen" bedeutet.* ***Hiragana****-Zeichen sind rund und glatt, während Katakana-Zeichen scharf und eckig sind. Dies liegt daran, dass* ***Hiragana*** *aus kursiv geschriebenen Zeichen entstanden ist, während Katakana aus einzelnen Elementen, also Teilen, der Wortzeichen besteht.*

DARAN GEHT KEIN WEG VORBEI

Warum Hieroglyphen verwenden, wenn alles in Hiragana geschrieben werden kann? Um Homonyme unterscheiden zu können, also Wörter mit demselben Klang, die bei einer Lautschrift gleich geschrieben werden, aber unterschiedliche Bedeutungen haben. Und davon gibt es im Japanischen eine ganze Menge. Zum Beispiel bedeutet das Homonym „ame“ sowohl „Regen“ 雨 als auch „Süßigkeit“ 飴, und „hashi“ ist sowohl „Brücke“ 橋 als auch „Kante“ 端, und obendrein noch „Essstäbchen“ 箸.

Heutzutage verwenden die Japaner ***Kanji*** *für die Grundwörter,* ***Hiragana*** *für Wortendungen und* ***Katakana*** *für Fremdwörter.*

LATEINSCHRIFT IM EXPORT

Wer hätte gedacht, dass aus einer kleinen Siedlung in der Mitte der Apenninhalbinsel ein mächtiges Weltreich werden würde, das sich von Portugal bis Syrien und von Britannien bis nach Ägypten erstreckte – das römische Imperium. In den von ihnen beherrschten Ländern verbreiteten die Römer ihre Sitten und Gesetze, ihre Religion und natürlich auch ihre Sprache und Schrift. Im 5. Jahrhundert n. Chr. brach das Reich unter dem Ansturm barbarischer Völker zusammen. Es fiel, aber es verschwand nicht spurlos.

ᚠ	ᚢ	ᚦ	ᚨ	ᚱ	ᚲ	ᚷ	ᚹ	ᚺ	ᚾ	ᛁ	ᛃ
f	u	th	a	r	k	g	w	h	n	i	j

ᛇ	ᛈ	ᛉ	ᛊ	ᛏ	ᛒ	ᛖ	ᛗ	ᛚ	ᛜ	ᛟ	ᛞ
eu (?)	p	z	s	t	b	e	m	l	ng	o	d

Die alten Germanen Nordeuropas übernahmen die meisten Buchstaben aus dem lateinischen Alphabet, aber änderten die Schrift so ab, dass es einfacher war, sie als Zeichen in Holz oder Stein zu schneiden. So entstanden die geraden und eckigen **Runen***. Nach der Annahme des Christentums wechselten die Germanen von den Runen zum* **lateinischen Alphabet***.*

GUT, ABER ZU WENIGE BUCHSTABEN

Die Sprache und Schrift der Römer wird **Latein** beziehungsweise lateinisch genannt. Die Römer hatten die Buchstaben bei den Etruskern gelernt, deren Gebiet sie im 4. Jahrhundert v. Chr. eroberten, und die hatten sie einige Jahrhunderte zuvor von den Griechen entlehnt. Anfangs hatte das lateinische Alphabet nur 21 Buchstaben. Das reichte aber nicht mehr aus: Für Wörter, die aus dem Griechischen entlehnt wurden, mussten noch die Buchstaben G, Y und Z hinzugefügt werden. In der Neuzeit erst kamen noch U, J und W hinzu.

I	V	X	L	C	D	M
1	5	10	50	100	500	1000

Die Römer benutzten Buchstaben auch, um Zahlen zu schreiben. Einige von ihnen sind nur die Anfangsbuchstaben von Wörtern, die für Ziffern stehen: C *für „centum" (hundert), und* M *für „mille" (tausend).*

I II III V X

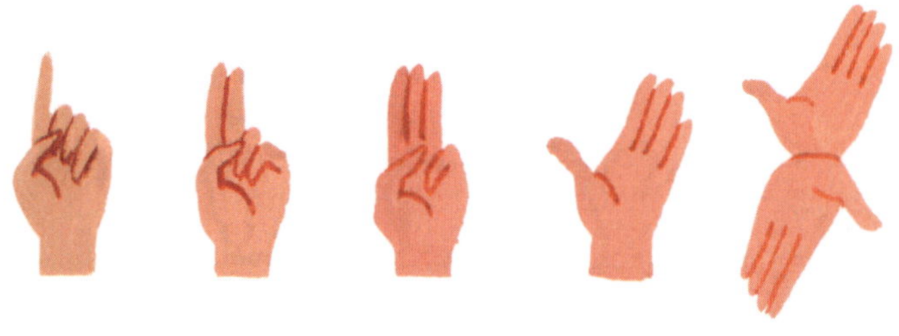

ALTBEWÄHRT

Die neuen Königreiche, die im Mittelalter auf dem Boden des Römischen Reiches entstanden, sprachen und schrieben weiterhin Latein. Doch allmählich nahm das einst einheitliche Latein lokale Besonderheiten an: Es entstanden Dialekte, aus denen sich allmählich eigene Sprachen entwickelten, die als **romanische** (das heißt „römische") Sprachen bekannt sind. Andere Sprachen – vor allem **germanische** und **slawische** – wurden dort gesprochen, wo sich andere Völkerschaften in Europa niedergelassen hatten. All diese Sprachen benutzten die Buchstaben des lateinischen Alphabets.

ÜBER MEERE UND OZEANE

Im 15. Jahrhundert trat das lateinische Alphabet auf portugiesischen und spanischen Karavellen seine Reise um die Welt an. Zusammen mit europäischen Seefahrern, Händlern und Eroberern reiste es um die Welt und ließ sich in vielen Ländern nieder. Heute ist das lateinische Alphabet die Grundlage für die Schriftsprache von 181 Ländern.

Um die Laute der verschiedenen Sprachen im Lateinischen zu erfassen, mussten besondere Zeichen und sogar neue Buchstaben erfunden werden: insgesamt 650! Hier sind einige von ihnen: Ď Ö Č Ś ß ₵ Ș

Latein ist heute eine tote Sprache: Es gibt keine Menschen mehr auf der Welt, die sie als Muttersprache betrachten und von Kindheit an gesprochen haben.

IM NAMEN DES GLAUBENS

Bei allen Errungenschaften, die Europa aus der Antike übernommen hat, war das Christentum von zentraler Bedeutung. Als die Barbaren in das Römische Reich eindrangen und sich dort niederließen, begannen sie, seine Religion anzunehmen: Zuerst wurde der Herrscher und seine Umgebung getauft, dann seine Untertanen. Als sie größer wurden, stießen die mittelalterlichen Königreiche auf neue Völker und Stämme, und um sie unter ihre Herrschaft zu bringen, zwangen sie sie, zum Christentum zu konvertieren.

ÜBERSETZUNGSPROBLEME

Aber was ist, wenn die unterworfenen Völker weder Griechisch noch Latein verstehen? Wie soll man sie mit der Bibel und anderen christlichen Schriften vertraut machen? Vor diesem Problem standen im 9. Jahrhundert die Missionarsbrüder **Kyrill** und **Method**, die von Byzanz aus auf Bitten der örtlichen Fürsten in die slawischen Länder reisten. Aber die existierenden Alphabete taugten nicht dafür, die heiligen Schriften ins Altslawische zu übersetzen! Um die seltsamen Laute der Menschen im Lande wiederzugeben, mussten die Brüder eine völlig neue Schrift erfinden.

DIE ALLERERSTE

Wenn man von dem altslawischen Alphabet spricht, das **Kyrill** und **Method** erfunden haben, denken viele Menschen an die Buchstaben des Alphabets, das heute unter anderem in Russland, der Ukraine, Weißrussland, Serbien und Bulgarien verwendet wird. Schließlich heißt es ja **kyrillisches** Alphabet! Aber das erste slawische Alphabet war ganz anders als das kyrillische. Es wird **glagolitisch** genannt. Wissenschaftler streiten über den Ursprung dieses bizarren Alphabets. Die Buchstaben ähneln sowohl denen der georgischen als auch der althebräischen Schrift und der griechischen Kursivschrift.

glagolitisch

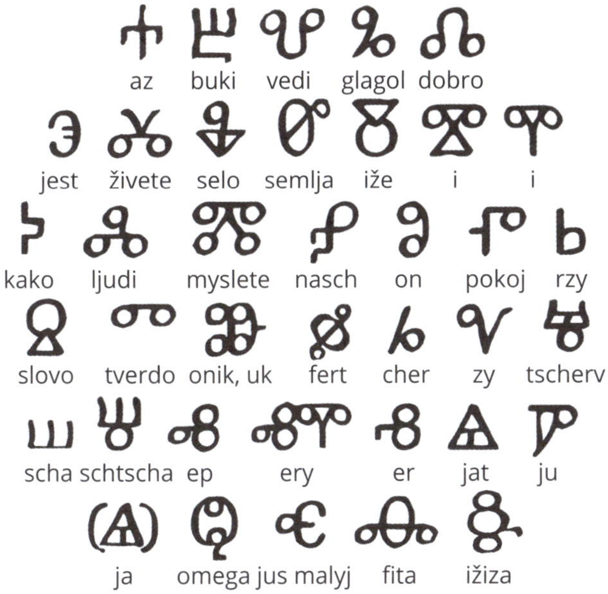

kyrillisch

Das kyrillische Alphabet wurde höchstwahrscheinlich von Schülern von Kyrill und Method als Ersatz für das glagolitische erfunden. Seine Buchstaben ähnelten weit mehr den bekannten griechischen und lateinischen und waren einfacher zu schreiben.

HANDARBEIT

Im 5. Jahrhundert überschwemmten Wellen von Barbareneinfällen Westeuropa. Das einst so mächtige Römische Reich konnte dem Ansturm nicht standhalten. Seine Städte wurden verwüstet und der letzte römische Kaiser gestürzt. Doch auf den Trümmern des Römischen Reiches bildeten sich nach und nach neue Staaten, die das Christentum und mit ihm die lateinische Sprache und Kultur übernahmen, und die wichtigsten Zentren dieser Kultur waren die Klöster. Hinter den Klostermauern befand sich eine ganze Welt: ein riesiger Bauernhof mit Feldern, Obst- und Weingärten vor den Klostermauern, Imkereien, Werkstätten aller Art, Bäckereien, Käsereien und sogar eine Bibliothek und ein Skriptorium – der Ort, an dem die Mönche liturgische Bücher, theologische Abhandlungen und Werke der großen Griechen und Römer mit der Hand abschrieben und so über Jahrhunderte bewahrten.

LUXUSARTIKEL

Es gab kein geeintes Römisches Reich mehr und daher auch kein billiges Papyrus in seinen Provinzen. Da besann man sich auf das **Pergament**, ein teures, aber sehr haltbares Material. Es konnte beidseitig beschrieben und sogar wieder abgeschabt werden. Oft arbeiteten mehrere Könner an einem Buch. Einer schrieb die Texte in einer klaren und schönen Schrift ab, ein anderer zeichnete mit roter Tinte Initialen – verschnörkelte Großbuchstaben. Die Manuskripte wurden mit bunten Miniaturen und Ornamenten verziert. Und es ist klar, dass solche Unikate ein Vermögen kosteten!

*Die Herstellung von **Pergament** dauerte mehrere Wochen: Rinder-, Schaf- oder Ziegenhaut wurde in Kalklösung eingeweicht, geschliffen und mit Kreide gebleicht. Manchmal musste eine ganze Herde von Rindern geschlachtet werden, um ein Buch herzustellen!*

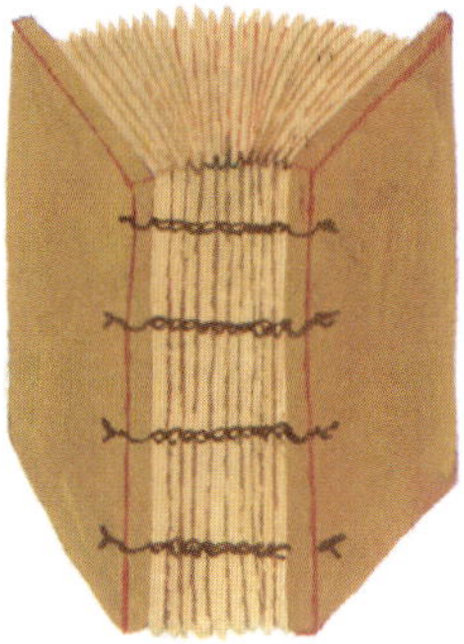

*Pergamentbögen wurden vierfach gefaltet und zu einem Buch – einem **Codex** – zusammengenäht.*

*Der **Einband** war aus Holzbrettchen gefertigt, mit Leder überzogen und mit Edelmetall und Edelsteinen verziert.*

DER WEG DES PAPIERS

Mit der Einführung der Papierherstellung in Europa im 13. Jahrhundert wurden Bücher leichter verfügbar. In einer Legende heißt es, dass ein französischer Kreuzfahrer, der von den Arabern gefangen genommen wurde, bei ihnen das Geheimnis der Papierherstellung kennenlernte und nach seiner Heimkehr die erste „Papierfabrik" gründete. Wahr an dieser Geschichte ist nur, dass das Papier tatsächlich aus dem arabischen Osten nach Europa kam, zuerst nach Spanien und Süditalien.

Eine Handschrift wird auch als **Manuskript** *bezeichnet, nach den lateinischen Wörtern für „Hand" und „schreiben".*

Im Mittelalter schrieb man auf Lateinisch, der Sprache der alten Römer.

NICHT NUR DIE BIBEL

Das wichtigste Buch des Mittelalters war die Bibel. In ihr suchten die Menschen Antworten auf alle Fragen und Beispiele für das, was sie zu tun hatten. Diejenigen, die nicht lesen und schreiben konnten, lernten die Geschichten der Heiligen Schrift aus Predigten kennen oder „lasen“ sie in den Bildern der Kirchen, so wie wir heute Comic-Hefte lesen. Aber nicht nur biblische Geschichten und erbauliche Gleichnisse aus dem Leben der Heiligen beschäftigten die Leser. Götter- und Heldensagen, Gedichte über die Taten von Kriegern vergangener Zeiten – das waren die Lieblingsthemen des Mittelalters. Und auch Romane über die „Hohe Minne“, die ritterliche Liebe. Sie wurden mündlich überliefert und dann aufgeschrieben.

DIE LIEDER-EDDA

Ich bin die Kriegerin Brünhild aus der alten Sage. Wegen meines Ungehorsams schläferte mich der oberste Gott Odin ein und versteckte mich auf einem Berg. Ich wurde von dem furchtlosen Helden Sigurd erlöst, und wir schworen uns ewige Liebe. Doch heimtückischer Betrug und Zauberei haben bewirkt, dass wir unseren Schwur gebrochen haben. Ich befehle nun Sigurds Tod und stürze mich dann in mein Schwert.

BEOWULF

Ich bin Beowulf, der Held eines englischen Epos aus dem 8. Jahrhundert. Ich habe die schrecklichen Ungeheuer Grendel und seine Mutter besiegt und dann gegen einen Drachen gekämpft, der einen verfluchten Schatz bewachte. Ich habe den Drachen besiegt, sterbe nun aber an meinen Wunden. Wie poetisch meine Geschichte geschrieben ist – das Meer wird darin „die Straße der Wale“ genannt und ein Schiff „Pferd der Wellen“. Kannst du erraten, was „Stock der Schlacht“ bedeutet?

DAS ROLANDSLIED

Ich bin Roland, der Held eines französischen Gedichts aus dem frühen 12. Jahrhundert. Ich führte das Heer Karls des Großen nach Spanien, zum Kampf gegen die Sarazenen. Auf dem Rückweg geriet ich in der Ronceval-Schlucht in einen Hinterhalt und starb in einem erbitterten Kampf. Historiker sagen, dass eine solche Schlacht tatsächlich stattgefunden hat, aber dass wir gegen keine furchterregenden Araber kämpften, sondern gegen das kleine Volk der Basken.

LANCELOT, DER KARRENRITTER

Ich bin ein Ritter des Königs Artus, mein Name ist Lancelot, und meine Geschichte wurde von dem Dichter Chrétien de Troyes im 12. Jahrhundert geschrieben. Ich bin unsterblich in die Königin verliebt und muss den Schurken Meleagant besiegen, in dessen Gefangenschaft sie sich befindet. Weil ich ihr verfallen bin, gerate ich in große Schwierigkeiten, aber dank ihrer reinen Liebe gehe ich als Sieger daraus hervor.

DER TRISTAN-ROMAN

Wir sind Tristan und Isolde aus einem französischen Roman des 13. Jahrhunderts. Unsere Geschichte ist eine tragische Liebesgeschichte. Tristan ist ein treuer Vasall meines Mannes, des Königs Marke. Er steht vor der schwierigen Wahl zwischen Liebe und Ritterlichkeit. Wir sind beide dazu bestimmt, verraten zu werden und umzukommen.

BUCHKUNST

Bibel oder Gebetbuch, historische Chronik oder Ritterroman: Was auch immer das mittelalterliche Buch war, sein Hauptschmuck war die Illustration, die Miniatur. Was haben die mittelalterlichen Künstler gezeichnet? In erster Linie die Themen der heiligen Geschichte, daneben aber auch Szenen aus dem Alltag: Hier sind Winzer bei der Weinlese zu sehen, dort gehen Adlige auf Beizjagd mit Falken, und Ritter sind bereit, in einem Turnierkampf aufeinanderzutreffen … Oft stellte der Künstler aber auch den Moment der Übergabe des Buches dar: wie er das Manuskript einem Kunden – einem Fürsten, der Kirche oder sogar einem Monarchen – überreicht.

Der große Anfangsbuchstabe eines Kapitels ist die Initiale. Initialen sind oft mit Ornamenten versehen, die in verschiedenen Farben gemalt sind. Auch in gedruckten Ausgaben wurden noch lange Zeit farbige Initialen mit der Hand ins Buch gezeichnet.

Die wichtigsten Stellen im Text wurden in Rot hervorgehoben. Rot ist eine Signalfarbe.

Das Wort „Miniatur" kommt vom lateinischen „minium", dem Namen des Mineralgemischs, aus dem die rot-orange Farbe hergestellt wurde: die Mennige. Sie wurde am häufigsten für die Illustration von Manuskripten verwendet. Neben roter Farbe standen den mittelalterlichen Künstlern auch verschiedene Blau-, Gelb- und Grüntöne sowie pulverisiertes Gold und Silber zur Verfügung.

An den Rändern finden sich Inschriften und Zeichnungen, die nichts mit dem Inhalt des Buches zu tun haben. Die Historiker nennen sie „Marginalien". Da gibt es Hasenritter, die kämpfen, Fuchspriester, die Hühnern, Enten und Gänsen predigen, Schnecken, die Menschen angreifen, kurzum, eine auf den Kopf gestellte Welt. Es waren die von der Arbeit ermüdeten Künstler, die hier ein Ventil für ihre Phantasie und ihre Emotionen fanden. Oft sind das Toilettenwitze, zum Beispiel Szenen, in denen jemand die Luft verpestet oder mit nacktem Hintern dasteht. Und manchmal schreibt ein verzweifelter Schreiber einfach an den Rand: „Wie meine Finger von der Kälte schmerzen!" Oder „Wann werde ich dieses Kapitel endlich beenden?"

Für Miniaturen wurde im Voraus Platz auf den linierten Blättern oder auf separaten Seiten vor Beginn der Kapitel reserviert, und nachdem der Schreiber den Text fertiggestellt hatte, übernahm der Künstler die Arbeit.

Auf den Seiten des Manuskripts sind feine Linien zu sehen, wie in einem Schulheft. Das half dem Schreiber, gerade zu schreiben.

ALTE BIBLIOTHEKEN

Das Wort „Bibliothek“ stammt aus dem Altgriechischen. „Biblio“ kommt von „Biblos“, Buch, und eine „Theke“ war ursprünglich nur ein Aufbewahrungsort. Und solche Buchaufbewahrungsorte gab es schon vor der griechischen Zivilisation. Hier findet ihr die Geschichten einiger der alten Bibliotheken in allen Ecken der Welt.

1. DIE BIBLIOTHEK DES ASSURBANIPAL

7. Jahrh. v. Chr.

König Assurbanipal von Assyrien war wie alle seine Vorgänger kriegerisch und brutal und wäre nur als Schrecken für die Völker der Region in die Geschichte eingegangen, hätte er nicht eine Leidenschaft für das Sammeln von Büchern gehabt. Er ließ Keilschrifttexte, von Liedern und Hymnen bis hin zu astronomischen Abhandlungen, im ganzen Land sammeln und kopieren: insgesamt 300.000 Tontafeln! Doch als die assyrische Hauptstadt Ninive unter feindlichen Angriffen fiel, wurde die Bibliothek unter der Erde begraben. Archäologen entdeckten ihre Überreste erst in der Mitte des 19. Jahrhunderts.

2. DIE BIBLIOTHEK VON ALEXANDRIA

3. Jahrh. v. Chr.

Das ägyptische Alexandria war ein wissenschaftliches Zentrum des Altertums. Die Ptolemäer, die Herrscher Ägyptens, scheuten keine Kosten, um Wissenschaft und Künste voranzubringen. In dem von ihnen eröffneten Museion (Musentempel) stellten berühmte Wissenschaftler Experimente und astronomische Beobachtungen an, und in der Bibliothek wurden Hunderttausende Papyrusrollen aufbewahrt. Gedichte, historische Werke, Bücher über Recht, Mathematik und Naturwissenschaften. Die Bibliothek wurde bei einem von den Römern gelegten Brand beschädigt, viele Jahrhunderte später wurde das Museion von den Christen geschlossen, und schließlich wurde die Bibliothek von den Muslimen zerstört, als sie in Ägypten einfielen.

3. DIE BIBLIOTHEK VON PERGAMON

3. Jahrh. v. Chr.

Sie war die Rivalin der Bibliothek von Alexandria mit an die 200.000 Schriftrollen. Es heißt, die Ptolemäer hätten aus Angst vor dieser Konkurrenz die Lieferung von Papyrus nach Pergamon verboten, weshalb dann die Gelehrten von Pergamon die Verwendung von fein bearbeiteten Ziegen- und Lammhäuten – Pergament, das nach der Stadt heißt – erfanden. Als Pergamon eine Provinz des Römischen Reiches wurde, soll der Feldherr Mark Anton den größten Teil der Bibliothek der ägyptischen Königin Kleopatra geschenkt haben – in Alexandria!

5. Die Bibliothek von Bagdad

8. Jahrh.

Im 8. Jahrhundert begann im arabischen Osten ein regelrechter Bücherboom. Zwei gefangene chinesische Meister offenbarten das Geheimnis der Papierherstellung, und überall wurden Papiermanufakturen eröffnet, Bücher geschrieben und natürlich Bibliotheken gegründet. In der größten, dem Haus der Weisheit in Bagdad, wurden die Werke griechischer und indischer Gelehrter über Astronomie, Mathematik, Medizin und Philosophie gesammelt und ins Arabische übersetzt. Doch im 13. Jahrhundert überfiel der Mongolenkhan Bagdad, zerstörte das Haus der Weisheit und warf die Bücher in den Tigris.

4. Die Bibliothek von Konstantinopel

4. Jahrh.

Sie war die letzte der großen Bibliotheken des Altertums und eine der größten des Mittelalters! Tausend Jahre lang bewahrte sie das von den Griechen und Römern angesammelte Wissen auf, in 100.000 Bänden. Das Skriptorium der Bibliothek übertrug griechische Texte von altem Papyrus auf Pergament, um sie besser zu erhalten. Die Bibliothek von Konstantinopel hatte viele Probleme: sie brannte mehrfach, wurde im Vierten Kreuzzug geplündert und fiel schließlich den osmanischen Türken zum Opfer, die 1453 die Hauptstadt des byzantinischen Reichs eroberten.

6. Die Bibliothek von Mogao

11. Jahrh.

Im 4. Jahrhundert entstand in den Felsen am Rande der Wüste Taklamakan das riesige buddhistische Kloster Mogao („Es gibt nichts Höheres"), das als Tor zur Großen Seidenstraße diente und über tausend Jahre lang florierte. Anfang des 20. Jahrhunderts wurde in einer der Höhlen des Klosters, das zu diesem Zeitpunkt schon lange verlassen war, ein geheimer Raum entdeckt, in dem sich eine Bibliothek befand, oder, besser gesagt, ein Versteck von Büchern! Unter den Tausenden von Manuskripten befand sich auch das älteste gedruckte Buch der Welt, ein „Diamant-Sutra" aus dem 9. Jahrhundert. Die Mönche hatten diese Kostbarkeiten aus Angst vor einem feindlichen Einfall versteckt, die Höhle aber nie wieder geöffnet.

DIE RICHTIGE LAGERUNG

Es reicht nicht aus, Bücher aus aller Welt zu sammeln, vielmehr muss man sie auch richtig aufbewahren und sich merken, wo sie sich jeweils befinden, denn was wäre das sonst für eine Bibliothek? Tontäfelchen wurden meist in Kisten aufbewahrt, Schriftrollen auch in Krügen, Körben und speziellen Kisten. Im Gegensatz zum gebrannten Ton sind Papyrus und Pergament empfindliche Materialien, und es kommt vor allem darauf an, sie vor Feuchtigkeit zu schützen.

ORDNUNG

In Assurbanipals Sammlung waren die Täfelchen nach Themen eingeteilt – Bücher über Astronomie, Gesetze, Religion und so weiter – und wurden getrennt voneinander aufbewahrt. Hier wurde auch der erste Katalog der Geschichte erstellt: Spezielle Tafeln gaben den Titel des Werks (durch die erste Zeile), seine Sprache, den Namen des Schreibers und sogar so etwas wie eine Bibliothekssignatur mit der Nummer des Raums und des Regals an, in dem das „Buch" zu finden war. Fast wie in einer modernen Bibliothek!

NICHT FÜR ALLE

Konnte ein Assyrer, der die Wissenschaft der Keilschrift beherrschte, in die Bibliothek des Assurbanipal gehen und einfach ein Täfelchen lesen, das ihm gefiel? O nein! Sie war so etwas wie ein geheimes Staatsarchiv: Hier wurden wichtige Dokumente aufbewahrt, und nur Priester und enge Vertraute des Herrschers hatten Zugang zu ihnen. Die Bibliothek der griechisch-römischen Antike war dagegen etwas ganz anderes: Sie stand Gelehrten und Studenten gleichermaßen offen. Sie war ein Zentrum der Wissenschaft und der Aufklärung. Schreiber kopierten die Schriften der Vergangenheit: Es war wichtig, dass diese Werke für so viele Menschen wie möglich erreichbar waren.

Die Bücherregale in der Bibliothek von Pergamon standen nicht direkt an den Wänden, sodass die Luft besser zirkulieren konnte und die Feuchtigkeit reduziert wurde. Dies war eine der ersten Techniken zur Konservierung von Manuskripten.

Die Tontäfelchen waren mit einer Art Bibliotheksstempel verziert: „Der Palast des Assurbanipal, Königs von Assyrien, gab dem Nab und dem Taischet ein feines Gehör und scharfes Sehvermögen, die Fähigkeit, die Besten in der Kunst des Schreibens zu sein."

AUS DEM ALTEN AMERIKA

Als Christoph Kolumbus mit seinen spanischen Schiffen 1492 erstmals Amerika erreichte, blühten Kulturen dort bereits seit Jahrhunderten. Die Ureinwohner kannten zwar keine eisernen Werkzeuge, sie benutzten keine Zugtiere und sie hatten das Rad nicht erfunden, aber dennoch bauten sie steinerne Städte, beobachteten die Sterne und hatten einen genauen Kalender und ihr eigenes Schriftsystem geschaffen. Die Entdeckung dieser Länder durch die Europäer bedeutete das Ende ihres Wohlstands, bedeutete die Ausrottung ganzer Völker und die Zerstörung alter Kulturen.

DIE OLMEKEN

Die älteste Hochkultur in Mittelamerika war die der **Olmeken** (16. Jahrhundert v. Chr. bis 5. Jahrhundert n. Chr.). Die Olmeken waren geschickte Handwerker: Sie stellten Jadestatuetten und rituelle Masken her, geschnitzte Sarkophage und Riesenköpfe von Herrschern oder Kriegern. Sie verzierten Töpfe und Steinplatten mit bizarren Zeichen, die an Maiskolben und Ananas erinnern, an Käfer, Fische und Quallen. Moderne Gelehrte halten dies für eine Schrift, aber sie können sie nicht entziffern.

DIE ZAPOTEKEN

Die Kultur der **Zapoteken** (16. Jahrhundert v. Chr. bis 16. Jahrhundert n. Chr.) kann sich mit den Olmeken um das Recht streiten, als die Urheber der ältesten Schriftsprache Mittelamerikas zu gelten. Die Wissenschaftler beginnen gerade erst, die Zeichen ihrer Schrift zu entziffern. Es gibt bei ihnen große Figuren, die in Steinmonumente eingemeißelt sind. Darunter befinden sich Daten, die Namen von Königen und Gefangenen, die Namen von eroberten Dörfern und die Chronik der Eroberungen der Zapoteken.

DIE MAYA

Vor etwa 4.500 Jahren entstand in Mittelamerika die **Maya**-Zivilisation, die zwischen dem 5. Jahrhundert v. Chr. und dem 10. Jahrhundert n. Chr. blühte. Die Maya entwickelten die Schrift der Zapoteken weiter. Die einen Zeichen stellen nun Wörter und Grundbestandteile von Wörtern dar (mehr als 1.000 davon sind bekannt), und die anderen Zeichen stehen für Silben (mehrere Hunderte). Wissenschaftler haben die Maya-Schrift entschlüsselt, und eine große Rolle hatte dabei der sowjetische Forscher Juri Knorosow, der als junger Soldat in der Berliner Staatsbibliothek auf Maya-Handschriften gestoßen war.

DIE AZTEKEN

Die kriegerischen **Azteken**, die aus dem Norden kamen, hatten im 14. Jahrhundert viele Völker Mittel- und Südmexikos besiegt und ein gewaltiges Reich geschaffen. Sie benutzten eine einfache Schriftsprache: Sie stellten Handlungen und Ereignisse mit Zeichnungen dar und hielten Personen- und Ortsnamen mittels eines Rebus-Systems fest. Zum Beispiel bedeutet der Name „Mapachtepek" „in der Nähe des Hügels der Waschbären" und wurde als ein Hügel und eine Hand abgebildet, die ein Moosbündel hält. Das liegt daran, dass die Wörter für „Hand" und „Moos" zusammen so ähnlich klingen wie das Wort für „Waschbär".

DIE BUCHDRUCK-REVOLUTION

Buchstabenwürfel, Magnetbuchstaben für den Kühlschrank – wer von uns hatte nicht schon mit solchen Spielzeugen zu tun, als wir gerade anfingen, Silben und Wörter zu bilden? Die Idee, dass Lesen und Schreiben lernen durch das Zusammensetzen von Holzbuchstaben mehr Spaß macht und einfacher ist, ist über 1.000 Jahre alt, und wir wissen nicht, wer ihr Erfinder war. Aber wir kennen den Namen des Mannes gut, der als Erster Bücher mit solchen beweglichen Lettern druckte. Es war der Mainzer Goldschmied Johannes Gutenberg im 15. Jahrhundert.

WIE ES FUNKTIONIERT

Gutenbergs Idee war es, einzelne spiegelverkehrte Buchstaben, Lettern, herzustellen, sie in Zeilen zu ordnen und diese dann in einen speziellen Rahmen zu schieben. Dann wurden die Lettern mit Druckerschwärze eingefärbt, bevor ein Bogen Papier darauf gelegt und das Ganze unter die Druckerpresse gelegt wurde. Die Druckerpresse war ebenfalls Gutenbergs Entwurf. Sie musste Druck gleichmäßig über den Bogen Papier verteilen, sodass die Buchstaben gleichmäßig klar gedruckt wurden.

1

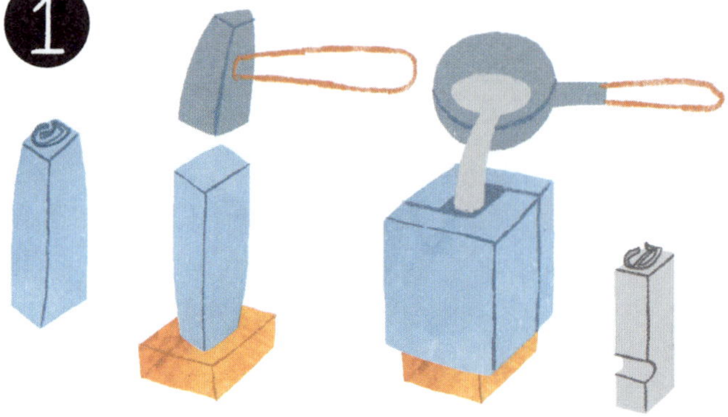

Eine ***Letter*** *wurde zuerst in hartem Stahl gefertigt. Dann wurde sie in das weichere Kupfer geschlagen, wo daher ein negativer Abdruck der Letter entstand. In diesen Abdruck konnte mehrfach eine Legierung aus Blei, Zinn und Antimon gegossen werden, um die eigentlichen Drucklettern herzustellen.*

EIN WAHRER DURCHBRUCH

Die Menschen hatten schon lange vor Gutenberg gelernt, wie man auf Papier drucken kann. Sie schnitten den gewünschten Text in eine Holztafel ein, färbten die konvexen Teile ein und pressten ein Stück Papier darauf. Leider war solch ein Holzschnitt, wie er genannt wurde, gut für Flugblätter, aber nicht für Bücher, denn man musste die Tafeln für jede Seite von Hand zurechtschnitzen! Gutenbergs Druck mit beweglichen Lettern war viel schneller und einfacher, und die Bücher selbst wurden dadurch für viel mehr Menschen zugänglich.

2 *Die Schriftsetzer stellten die Lettern in speziellen Setzrahmen zu Zeilen zusammen.*

3 *Die Zeilen wurden auf dem Setztisch mit Druckerschwärze eingefärbt, einer Mischung aus Ruß und Leinöl. Auf das Satzbrett wurde ein angefeuchteter Bogen Papier gelegt.*

4 *Das Ganze kam unter die Druckerpresse.* →

PIONIERE DES DRUCKS

Wie kopiert man Texte, wenn sie auf einer Steinstele eingemeißelt sind? Im Han-Reich in China machte man im 2. Jahrhundert n. Chr. Abdrücke davon, indem man ein spezielles dünnes angefeuchtetes Papier auf die Stelen legte und es so glättete, dass alle Vertiefungen deutlich hervortraten. Dann wurde Holzkohlepulver auf das Papier gestreut – und was auf der Stele glatt gewesen war, wurde schwarz, die Vertiefungen aber blieben weiß.

DIE GEBURT DES KINDERBUCHS

Während das älteste Buch – die Tontafeln mit der sumerischen Gilgamesch-Geschichte – 4.000 Jahre alt ist, gibt es Kinder- und Jugendbücher erst seit 300 Jahren. Ja, es gab eine Zeit, in der es keine Literatur für Kinder gab und ein Kind dasselbe zu lesen hatte wie die Erwachsenen: meist Gebete und Abschnitte aus der Bibel. Und die Kindheit selbst wurde als eine seltsame vorübergehende Phase und uninteressante Zeit betrachtet: Je früher ein Kind erwachsen wurde, desto besser war das für seine Eltern. Mit dem 18. Jahrhundert begann sich alles zu ändern: Es gilt als die Geburtsstunde des Kinderbuchs.

Das war das Zeitalter der Vernunft und der Aufklärung, mit Wissenschaft und Bildung als zentralen Werten. Es ist nicht verwunderlich, dass das Buchgeschäft in einer noch nie dagewesenen Weise boomte. ***Gullivers Reisen*** und ***Robinson Crusoe*** und vor allem ihre Nacherzählungen für Kinder waren Bestseller, die in riesigen Auflagen gedruckt wurden. Sie galten als eine sehr nützliche Lektüre für die junge Generation, in Hinsicht auf Familienwerte, Kenntnisse in Landwirtschaft und persönliche Selbstständigkeit.

Im Zeitalter der Vernunft und der Aufklärung wurde das Kind wie ein Brocken Ton betrachtet, aus dem man einen würdigen erwachsenen Menschen formen sollte. Aber die Wissenschaftler und Philosophen dieser Epoche schlugen zum ersten Mal vor, zu den Kindern in ihrer eigenen Sprache zu sprechen. Und so entstanden spezielle Kinderbücher mit Bildern, Reimen und Skizzen, wie ***The Little Pretty Pocket Book*** von John Newbery. Dieses „kleine hübsche Taschenbuch“ war eine gereimte Fibel.

Eine echte Revolution in der Kinderliteratur! Das Interesse an der Geschichte ihres Landes und seiner Kultur weckte das Interesse von Autoren an Volksmärchen: Die **Brüder Grimm** und der Dichter **Hans Christian Andersen** reisten durch Europa, sammelten Märchen, zeichneten sie auf und bearbeiteten sie.

Das 19. Jahrhundert entfernte sich von den herkömmlichen Moralvorstellungen und Ermahnungen der frühen Zeiten. Es ist jetzt die Zeit der wirklich kindlichen Abenteuer und phantastischen Geschichten! Es beginnt im Jahr 1865 mit der Veröffentlichung von Lewis Carrolls ***Alice im Wunderland***. Dann folgt noch eine Reihe von bis heute vielgeliebten Büchern: ***Die Abenteuer des Pinocchio*** von Carlo Collodi, ***Das Dschungelbuch*** von Rudyard Kipling, ***Die Abenteuer des Tom Sawyer*** von Mark Twain und viele andere.

18. Jahrh.

19. Jahrhundert

Kinderbücher haben keine Angst mehr, mit Kindern über schwierige Themen zu sprechen. Auf ihren Seiten können wir Kränkungen und Kummer schmerzlos nacherleben. Wir lernen, einander so zu akzeptieren, wie wir sind, mit ungeteilten Gefühlen umzugehen, mutig über Ungerechtigkeiten zu sprechen und den Verlust geliebter Menschen zu betrauern. Und Bücher brauchen gar nicht mehr nur mit Worten zu uns sprechen: Auch Illustrationen können so viel sagen!

Heute ist das Kinderbuch ein kreatives Labor, in dem verschiedene Genres und Formen ausprobiert werden und in dem gewagte sprachliche und psychologische Experimente angestellt werden. Und in schwierigen Zeiten wird es für Erwachsene und Kinder zu einer echten Zuflucht. Bei den Mumins findet jeder Schutz und Liebe, Pippi wird immer die beschützen, denen jemand übel mitspielt, der Hobbit wird nach Hause zurückkehren, und der Löwe Aslan wird die Weiße Hexe besiegen.

20. Jahrhundert

21. Jahrh.

WAS MAN NICHT SCHON ALLES ERFUNDEN HAT!

Heute gibt es etwa 7.000 Sprachen und mehr als 370 Schriftsysteme. Reicht das nicht aus? Wer musste neue Sprachen erfinden und warum – und sich manchmal auch noch Alphabete für sie ausdenken?

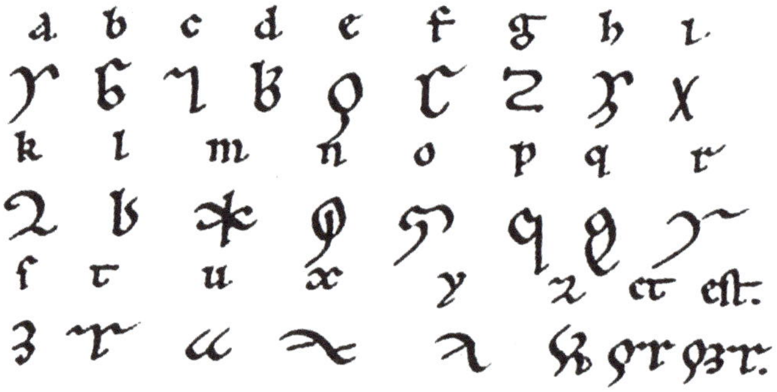

Kann man mit Gott in einfachem Latein kommunizieren? Im 12. Jahrhundert schuf die Nonne Hildegard von Bingen eine „unbekannte Sprache": Hunderte von neuen Wörtern und veränderte lateinische Buchstaben. Es war die erste Sprache, die je neu erfunden wurde.

SORGFÄLTIG GEGLIEDERT

Es ist doch seltsam, dass die Wörter „Wolf" und „Hund" völlig unterschiedlich sind, obwohl es sich um sehr ähnliche Tiere handelt. Diesem Missstand wollte John Wilkins, ein englischer Gelehrter des 17. Jahrhunderts, Abhilfe verschaffen. Er teilte alles in der Welt in 40 Kategorien ein, und innerhalb dieser Kategorien in Gattungen und Arten. Für jede Kategorie stand eine Silbe, für jede Gattung ein Konsonant und für jede Art ein Vokal. Zum Beispiel: zi (Klasse „Tiere") + t (Gattung 5) + α (Art 1) ergeben das Wort „zita" für „Hund".

EINE FÜR ALLE

Warum ist die Menschheit nicht auf die Idee gekommen, eine universelle Sprache zu schaffen, die einfach und für alle Bewohner des Globus verständlich ist? Doch, daran hat man gedacht und es viele Male probiert! Der erfolgreichste Versuch war **Esperanto**: Lateinisches Alphabet und Anleihen aus dem Lateinischen, Französischen und Deutschen. Es war als internationale Sprache konzipiert und daher leicht zu erlernen: nur 16 Regeln und keine Ausnahmen! Esperanto wurde Ende des 19. Jahrhunderts entwickelt und hat sich bis heute bewährt. Hunderttausende Menschen sprechen es, doch es ist nie wirklich eine internationale Sprache geworden.

Esperanto *wurde nach dem Pseudonym seines Erfinders benannt. 1887 beschrieb Dr. Esperanto, oder* **Ludovik Lazarz Zamenhof**, *es zum ersten Mal in seinem Buch.*

BLÜHENDE PHANTASIE

Was ist das schon für ein fiktionales Universum, wenn die Menschen, die es bewohnen, keine eigene Sprache haben? Scheinbar erfinden Schriftsteller und Drehbuchautoren zuerst die Figuren und dann die Sprachen für sie. Aber ursprünglich war es genau andersherum. **John Ronald Reuel Tolkien** war schon als Kind begeistert davon, neue Sprachen zu komponieren, aus denen später dann die ganze Welt von Mittelerde entstand. Nach Tolkiens ***Herr der Ringe*** erfand fast jeder Autor, der sein eigenes Universum schuf, auch eine Sprache dafür. Klingonisch, die Sprache der Kriegerrasse in der ***Star-Trek***-Saga, ist zum Beispiel das Produkt der Phantasie des amerikanischen Linguisten **Marc Okrand**.

BUCHSTABEN DER ZUKUNFT

1982 fand der amerikanische Professor Scott Fahlman, dass kurzen Internetnachrichten die Emotionen fehlten: Es war unklar, ob der Autor das ernst meinte oder scherzte und ob er mit dem, was er beobachtete, zufrieden war oder nicht. Jedenfalls kam er auf die Idee, aus gewöhnlichen typografischen Zeichen – Klammern, Punkten, Strichen – Bilder zu machen, die von jedem als Emotionen gelesen werden konnten. So sind die **Emoticons** entstanden. ;-) :(¯_(ツ)_/¯
17 Jahre später zeichnete der japanische Designer **Shigetaka Kurita** 172 kleine Symbole, die eine Vielzahl von Dingen darstellten: von Herzen bis hin zu Horoskopzeichen. Das waren die ersten **Emojis**.

ZURÜCK IN DIE ZUKUNFT

Seitdem sind weitere 20 Jahre vergangen, und wir leben im Zeitalter der Smartphones. Jetzt ist es viel einfacher, ein Gespräch mitzuschneiden, als es zu tippen. Emoticons und GIFs sind aus der Korrespondenz nicht mehr wegzudenken, und um einen Witz zu machen, reicht es, ein Meme zu verschicken. Bedeutet dies, dass die Menschheit von Buchstaben und Wörtern zu Piktogrammen zurückkehrt? Wird das Schreiben als Mittel zur Informationsübermittlung vielleicht bald ganz verschwinden?

Das war 2014 das beliebteste Wort →

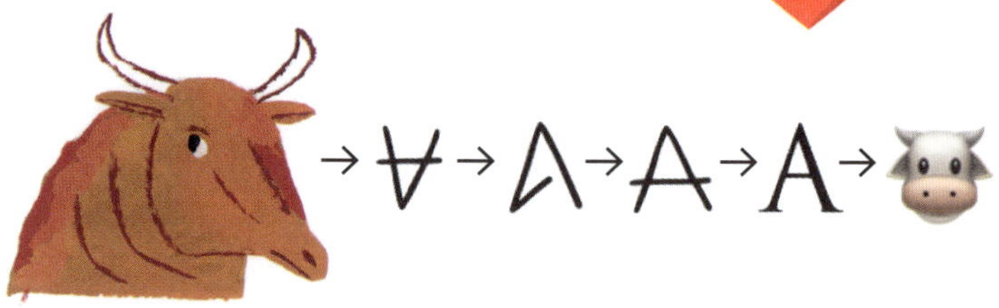

ÜBERSÄTTIGUNG

Das Schreiben wird nicht weniger, im Gegenteil, Jahr für Jahr gibt es immer mehr geschriebene Informationen. Kilometerweise Berichte, Kommentare, Nachrichten, Links, Bildunterschriften und Werbung: solche Informationsströme (oder gar Wasserfälle!) hat es in der Geschichte noch nie gegeben. Wenn man bedenkt, dass wir heute nur noch zwei Tage brauchen, um so viel zu schreiben, wie die Menschheit in 5.500 Jahren geschrieben hat! Es gibt zu viele Buchstaben um uns herum, als dass wir sie alle erfassen könnten, also ersetzen wir sie durch Bilder und Töne. Das Lesen hat sich der Informationsmenge angepasst. Gewinner ist derjenige, der mit einem einzigen Blick das notwendige Detail aus dem Text herauslesen und das Wesentliche verstehen kann.

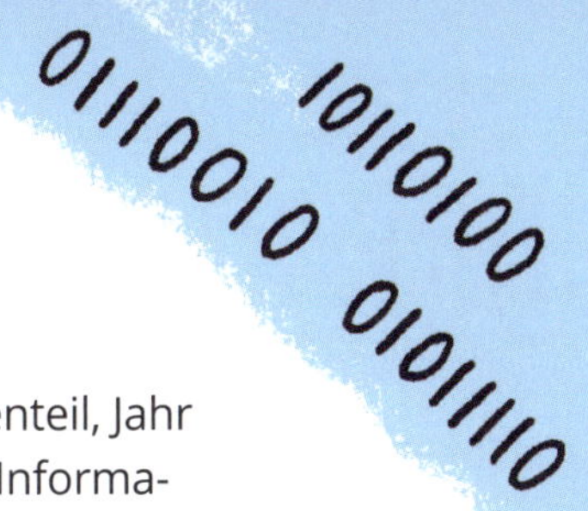

Damit Computer und Telefone lesen und schreiben können, müssen in ihnen alle Zeichen als Codes gespeichert werden. Jedes Zeichen aller existierenden Schriftsysteme hat seinen eigenen eindeutigen Code. Sogar alte und künstlich geschaffene Sprachen sind kodiert.

DIE KOSTEN DES FORTSCHRITTS

Smartphones und das Internet haben die Bildung ebenso revolutioniert wie einst Gutenbergs Druckerpresse. Sie haben den Menschen in Ländern mit hoher Analphabetenrate freien Zugang zu Informationen und die Möglichkeit gegeben, Lesen und Schreiben zu lernen. Doch der Fortschritt hat immer eine Kehrseite: Wir bezahlen für die Hochtechnologie mit einer Veränderung der Wahrnehmung, der kognitiven Fähigkeiten und des Gedächtnisses. Unabhängig von der Rolle, die Video und Audio heute spielen, hängt unsere Zukunft immer noch vom Lesen und unserer Vorstellungskraft ab.

Die Entwicklung des Alphabets

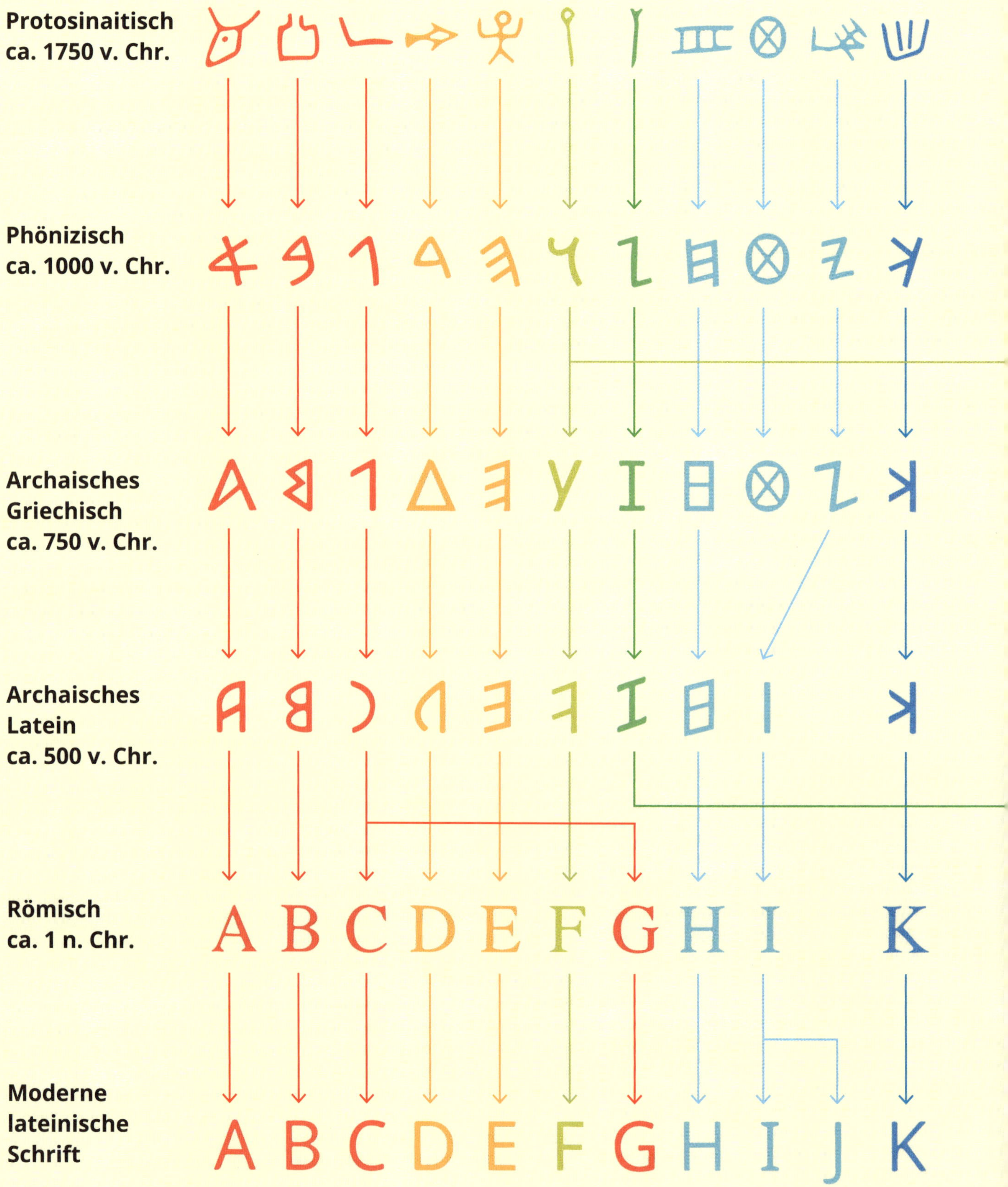

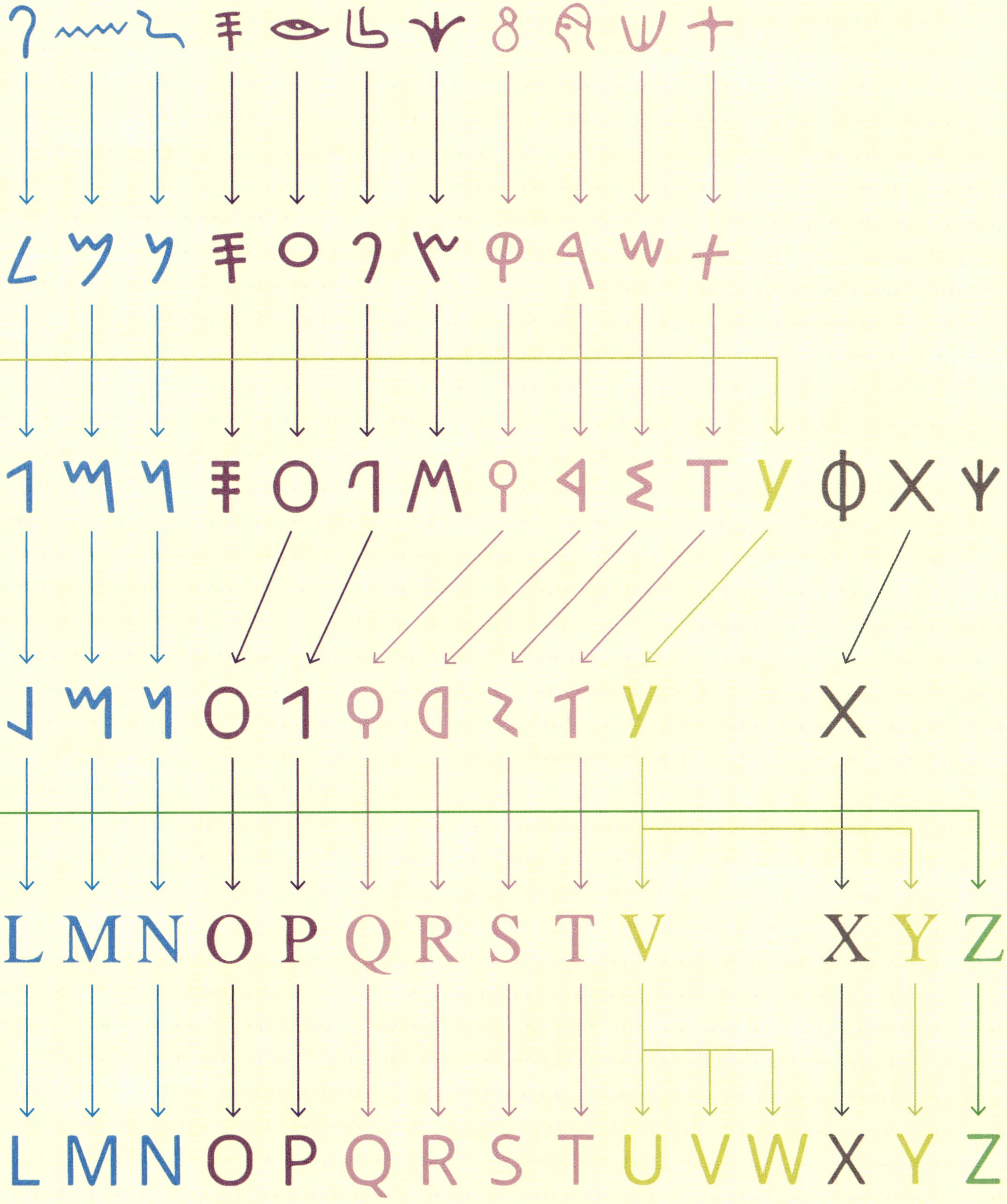
L M N O P Q R S T V X Y Z
L M N O P Q R S T U V W X Y Z

Natalja Jaskina ist eine heute in New York lebende russische Bilderbuchmacherin und Illustratorin. Sie hat Illustration und Buchgestaltung an der Staatlichen Universität für Druckkunst in Moskau studiert. Natalja Jaskina hat bereits über zehn preisgekrönte Bücher veröffentlicht, die in Russland, Deutschland, Österreich, China und der Türkei erschienen sind.

Ekaterina Stepanenko ist Kinderbuchautorin und Lektorin. Sie hat Geschichte des Mittelalters an der Staatlichen Universität Moskau studiert. Sie ist Autorin von populärwissenschaftlichen Büchern, die in Russland erschienen sind und anschließend ins Chinesische, Ukrainische, Deutsche, Italienische und Spanische übersetzt wurden. Derzeit lebt sie mit ihrem Mann, ihrem Sohn und ihrem Hund in Montenegro.

Ein verlagsneues Buch kostet in ganz Deutschland und Österreich jeweils dasselbe. Das liegt an der gesetzlichen Buchpreisbindung, die dafür sorgt, dass die kulturelle Vielfalt erhalten und für die Leser:innen bezahlbar bleibt. Also: Egal ob im Internet, in der Großbuchhandlung, beim lokalen Buchhändler, im Dorf oder in der Stadt – überall bekommen Sie Ihre verlagsneuen Bücher zum selben Preis.

MIX
Papier | Fördert gute Waldnutzung
FSC® C106600

Dieses Buch ist auf Papier gedruckt, für das nur Holz aus nachhaltiger Forstwirtschaft verwendet wurde.

Druckprodukt mit finanziellem
Klimabeitrag
ClimatePartner.com/13916-1911-1001

All unsere mit finanziellem Klimabeitrag gedruckten Novitäten und Nachdrucke finden Sie auf Climatepartner.com unter Angabe der ID 13916-1911-1001. Hier erhalten Sie auch Einblick in die Windenergie- und sozialen Projekte, die wir mit Ihrer Hilfe unterstützen.

© 2024 Verlagshaus Jacoby & Stuart, Berlin
Aus dem Russischen von Edmund Jacoby
Alle Rechte vorbehalten
Printed in Slovenia
ISBN 978-3-96428-215-6